I0209499

Germán M. C.

EL AMOR A TRAVÉS DEL ESPEJO.

Aprendiendo sobre el amor de pareja.

Mendoza Carrillo, Germán
    El amor a través del espejo / Germán Mendoza Carrillo ; editado por Gladys
Viviana Landaburo. - 1a ed . - Cosquín : Del Alma Editores, 2017.
    200 p. ; 21 x 15 cm.

    ISBN 978-987-3907-89-0

    1. Autoconocimiento. I. Landaburo, Gladys Viviana, ed. II. Título.
    CDD 158.1

Germán M. C.

EL AMOR A TRAVÉS DEL ESPEJO.

Aprendiendo sobre el amor de pareja.

Agradecimientos...página 9

Prologo...página 11

Parte uno...página 15

Parte dos...página 42

Parte tres...página 58

Parte cuatro...página 71

Parte cinco...página 81

Parte seis...página 86

Parte siete...página 92

Última parte...página 96

Conclusión...página 101

Fuentes de apoyo...página 126

Agradecimientos.

A quien me motivó cuando nadie más quería hacerlo.- A mi inconfundible amiga, Amely Ochoa, porque con su incansable apoyo altruista me motivo a ser mejor en todo aspecto, y me enseñó con su ejemplo a que con mis actos busque el ser y no el tener.

A mis maestros de Psicología.- Porque sin sus muy necesarias enseñanzas, este escrito no sería posible, (escuelas de Psicología, Carl Rogers y Amerivent de México).

A mi ex esposa.- A ti Conny porque en ti descubrí el amor verdadero, mientras duro nuestra relación, fue especial amar y ser amado, tú fuiste mi primera motivación, la más importante para realizar este escrito.

A un amigo que se fue.- Además de amigo fuiste un padre, a pesar de tu partida logré aprender el significado de no esperar nada a cambio cuando se ayuda a alguien, y el legado que me dejaste es sin duda la fuerza necesaria para superarme a mí mismo a cada instante.

D.E.P. Luis Guevara Jáuregui, (vio la luz el dia 13-10-65, y se convirtió en luz el día 17-06-12). Siempre en mi corazón.

Prólogo.

Lamento algunas cosas que han sucedido a lo largo de mi existir, y definitivamente me gustaría haber llegado a este punto de mi vida sin haber hecho daño a las personas que hasta ahora he hecho daño, pero estoy muy agradecido por haber tenido la oportunidad de haberme cruzado en su camino por esta vida, y a pesar de que me tocara haber aprendido a las malas, logré entender qué tan importantes somos para las personas que nos rodean, que si enserio les importamos, entonces no solo se preocuparan por nuestro bienestar en los momentos en que les convenga por una ganancia secundaria, sino que también entonces les importará nuestro bienestar aun cuando no tengan esa ganancia, y con el tiempo comprendí que sin las tantas experiencias a su lado, nunca habría llegado a tener el conocimiento ni la motivación o experiencia para siquiera pensar en luchar por ser mejor persona, como mucho menos en escribir este libro, y sé que en muchos momentos he sido como el alacrán del cuento que le pica al viejito después de que este le rescata de ser ahogado en un río, con esto me doy cuenta de que gracias a esas experiencias he podido observar desde muy cercas la peor faceta de mí, y me doy cuenta de que no ha sido por cualquier razón el que me haya sucedido eso, porque ahora que trato con diferente tipo de problemas en terapia con mis pacientes, me doy cuenta de que conozco en carne propia muchas de las problemáticas que a mis pacientes les acontecen, sé entonces gracias a esas vivencias, que no solo les puedo brindar mi apoyo terapéutico basado en lo que dice en los libros de texto psicológico, sino que también les puedo brindar un apoyo basado en las experiencias propias, y con esto me doy cuenta de que ahora también puedo amar tanto como pueda siendo lo que soy desde la mejora de mis conductas por estar realizando cada acto y cada gesto desde el amor propio como motivante, donde creo que depende de cada uno de los lectores el que me crea lo que escribo, quedando claro que no soy poseedor de la verdad absoluta y que no porque lo escrito sea obra de una persona que fracasó en su primer matrimonio, signifique que sea erróneo lo planteado en este libro, pues eso solo lo podrán constatar en el momento en que lleven a la práctica lo escrito aquí.

Decidí escoger este gran tema acerca del amor de pareja, así que empecé por leer y estudiar muchos artículos y algunos libros publicados por científicos y novelistas, definitivamente llené de libros relacionados al amor de pareja mi librero, por lo que gradualmente decidí escribir acerca del tema por que curiosamente todo o la gran mayoría de lo que ellos hablaban acerca de una pareja que realmente se ama, me había pasado a mí y a mí ex esposa por lo que me acrecentaba la duda de entonces porque realmente nuestro matrimonio había fracasado, y claro que estaba muy consciente de que lo que obviamente nos había pasado no era debido a la sombra de nuestros problemas lo cual pudiera ser interpretado como la causa aparente, sino más bien debido al trasfondo que nos motivaba por algo más interno, más íntimo, más oscuro, más personal, y podría ser tal vez algo que estuviéramos arrastrando incluso desde nuestra infancia.

Parte uno.

Amar conscientemente, es esencialmente una forma de vivir la vida con los pies bien puestos en la tierra, es un modo de llegar a estar en este mundo en forma plena, libre y abierta, aceptando y responsabilizándonos, por lo que somos, en pocas palabras es un estilo de vida en que no hay cabida para idealismos, ni negaciones constantes, de lo que somos, de lo que necesitamos, de lo que queremos y de si realmente lo que tenemos es lo que se ajusta a nosotros.

Movidos por una fe invencible y con una educación basada en hechos del ayer es que la mayoría de las personas salimos de nuestra infancia a la adultez desprovistos de una mejor enseñanza de vida, y conforme crecemos y adquirimos el poder de decisión, también adquirimos el poder de actuar, desde ese momento llega no solo la madurez, sino también nuestra obligación de aprender a implementar mejores reglas de convivencia que nos permitan tener una mejor existencia, y para que esto suceda debemos dejar de pensar como individuos y como sociedad, para entonces mejor pensar como especie, pero esta falsa creencia que educativamente nos damos a diario sobre una supuesta supremacía de unos hacia otros, es mal reforzada por la religión e intereses de unos cuantos pertenecientes al mismo género, y de aquí de esta creencia es que vamos buscando vivir en compañía de las personas que embonan mejor en ese paradigma socio-religioso, falacia es, e inevitablemente está en el abismo de la ignorancia dicha creencia que se fundamente de lo ya caducado sobre cómo ser, hacer y dejar ser en el amor, entonces es de lo más normal esperarse tantos divorcios, tanta violencia, tanto machismo, tanto feminazismo, tanta desigualdad, tanta ignorancia, y aun estando en el fuego, algunas personas se aferran a querer implementar lo que de ante mano ya no sirve como reglas de convivencia, y eso de que solo el hombre debe trabajar, y la mujer solo debe cuidar niños y hacer los quehaceres domésticos, ya es historia vieja, pero me gusta escribir y así es pues que en letras desentrañaré algunas de las incógnitas sobre el amor de pareja, por alguna razón siempre que escribo me gusta escuchar un poco de música de Sergei Rachmaninoff o en su defecto nunca faltan los sonidos que emiten los pájaros en el árbol que está junto a la ventana de mi oficina, todos esos sonidos de piano tan fúnebres me hacen recordar lo fúnebre de mi primer matrimonio, esas sensaciones me llevan a darme cuenta de que con esa gran pérdida inevitablemente me vuelco a sentir que soy como el árbol que cayó a causa de un rayo, o que soy como la lluvia que mojó la tierra después de una tormenta, y abrumado por una creciente sensación de curiosidad por sobre las incógnitas que encierra el amor de pareja, me dirijo entonces a dar frutos de ese árbol caído y de ese suelo mojado por la tormenta, y así es que me dirijo por gusto propio hacia la búsqueda del conocimiento de la mayor de las necesidades humanas, ¿porqué amamos a una persona y no a otra?, ¿qué realmente nos motiva a dejar que alguien nos ame?, ¿cómo saber cuándo el amor es amor del bueno?

La cosa es que desde muy pequeño siempre tuve la impresión de que el amor era algo así como lo que tanto repiten los cuentos de hadas en el que el hombre o más bien dicho el príncipe siempre llega al rescate de la princesa y al rescatarla, este se hace merecedor de su respeto y de su amor incondicional, aun así por alguna razón, todo cuanto conozco del amor de repente se ha tornado en una total mentira, y mi divorcio lo confirma, yo creía que el amor de pareja era algo así como algo que se formaba con la mayor castidad posible y obviamente con el menor número de noviazgos, ni qué decir del sexo, claro está que entonces también debo aclarar que hasta llegué a pensar que una relación de pareja no era tan complicada ni tan estructurada como realmente sé ahora que lo es, porque para empezar, al estar con una persona del sexo opuesto con fines de relacionarnos afectivamente, debemos saber que para llegar a conocer y vivir el amor de pareja, se debe pasar por la etapa de la idealización que es la misma del primer enamoramiento, es esa en que se crea ese primer acercamiento, la segunda etapa es esa en que ya transcurrido un tiempo se tiene tal conocimiento de esa persona a tal grado que dicho saber acarrea el darse cuenta de que el ideal que se tenía sobre esa persona, realmente no es igual, y que por lo tanto tampoco es tan irresistible su ser, si queremos pasar a la siguiente etapa que es donde se puede decir que se empieza a instituir el amor de pareja, deberemos aceptar la desilusión de que no es como nuestro ideal y de que no podemos ni debemos pretender cambiarle, incluso también deberemos aprender a aceptar que nosotros tampoco somos una copia fiel de su ideal, con esto entonces deberemos aprender a negociar lo que necesitamos de esa persona con lo que él o ella necesita de nosotros de tal manera en que ninguno esté por encima del otro, si aceptamos y trabajamos en esto, entonces llega la tercer etapa en que ahora sí con el conocimiento de lo tuyo y lo mío aprenderemos lo que es el verdadero amor, será entonces que se pueda empezar a pensar en vivir juntos, o a formalizar dicha relación y a amarse de verdad, con los pies en la tierra, con amor de verdad, pero si nunca hemos estado en varias ocasiones en presencia de esa situación, es más que obvio que no tengamos el conocimiento de la primera vez, y eso sí que es algo que le ocurre a todas las personas las cuales carecen de la experiencia apropiada, entonces si no se tiene la experiencia previa de como sobrellevar lo concerniente a una relación de pareja, ¿cómo es que a la hora de estar en esa situación pretendamos estar correctamente?, sin tanto estrés por no saber cómo actuar, sin tantos errores por no saber qué esperar ni qué pensar o siquiera sentir, digo es más que obvio que una persona no es como un robot al que se le presionan botones con un fin específico, y que en definitiva ninguna persona es una medida estándar de lo que a diario nos dicen en todos lados sobre que solamente hay que ser honestos, puros, castos y ya, nada de eso, en los quehaceres del amor existe la necesidad imperiosa de saber uno que otro truco, como el que mostrar seguridad es un atractivo muy fuerte, como que el saber dar besos es parte de un buen rumbo hacia algo mejor, pero indiscutiblemente el ser respetuosos y saber interpretar algunas señales de avance o pare ante las necesidades mutuas y empáticas, eso sí que nos conseguirá mejores resultados a la hora de querer emparentar con alguien.

La tercera ley de Newton dice que para todo logro, el ser humano debe dejar algo atrás, en ocasiones es la pura verdad, y siempre que ese dejar atrás de algo o a alguien tenga que ver con dejar a personas y cosas que solo atraen negatividad a nuestra vida, entonces si es más que viable dejarles atrás, lo más atrás posible y hasta que se pierdan en el horizonte junto con su negatividad, en mi caso tuve que dejar a muchas personas, así mismo otras eligieron dejar mi compañía, incluso a la mayoría de quienes creía mis amistades y resultó que no lo eran yo elegí dejarles, ya después de alejarme de esas personas hubo algunos momentos en que me sentía tan solo, y aun en la compañía de algunas personas como mi hermana Judith que me ayudaba a superar todas esas pérdidas, finalmente cuando ya no había más que sufrir, aprendí que de tantas pérdidas no hay motivación más negativa que la que así elegimos que sea, y que la motivación en sí sea buena o mala es por igual de positiva sí es que así lo elegimos, entonces puedo decir que aun de lo malo se puede sacar gran provecho, y que realmente es el miedo a las pérdidas de nuestro confort lo que nos mantiene en los mismos lugares y con las mismas personas aun y cuando estas nos den maltrato y desamor a cambio de nuestros afectos, lo que indudablemente conlleva que sean tan nocivas para nuestra salud mental y física y que otro de los principales miedos se cimienta de no querer perder el control sobre cosas, situaciones o personas de las cuales tenemos la fuerte creencia de que sin ellas no podremos obtener todo eso que de ellas obtenemos, como una economía estable, como una vida sexual, como una aceptación de la sociedad, otra pareja, como la aceptación de nuestros propios seres queridos como personas triunfantes en el amor, pero todas esas creencias a lo que nos llevan en un determinado momento es a poner en un pedestal demasiado alto a esa persona de la cual solo preferimos percibir lo que idealmente pensamos, para entonces el molde de nuestra pareja perfecta sí sea real, pero es solo una falsa idea que como espejismo en el desierto nos dice que existe enfrente de nosotros algo que se observa muy apetecible, pero que al darnos cuenta de lo que realmente es, sea de esperarse el que entremos en conflictos internos, los cuales nos crean la necesidad de en algún momento darnos cuenta de que nuestro ideal es solo eso, una idea de la excesiva perfección que le atribuimos a una persona que se supone nos servirá de banco, o de trampolín a la aceptación social, o de la chacha de la casa y finalmente de alguien que provea de todos nuestros caprichos ideales, esta forma de ser y de pensar se cimienta de la creencia negativista de que no podemos solventarnos dichas necesidades salvo que sea mediante la dependencia de alguien más a quien para no sentirnos tan mal en su presencia, decidimos maquillar sus defectos con nuestros ideales, pero aun así tarde o temprano lo

19

que ocasiona esa forma de vivir y ese estilo irreal de la vida, nos invita a aceptar que en definitiva es mejor aprender a auto proveernos de lo propio, para estar sin dependencias que terminen por atarnos a quien realmente no amamos y que en la mayoría de los casos no nos ama también, este tipo de conductas basadas en la dependencia tarde o temprano le llevan al dependiente a adquirir, fomentar e incrementar el miedo al futuro por no saber qué hacer con el cambio que obviamente traerá la aceptación de lo real en esa persona y que a su vez traerá cosas nuevas de las cuales no tendremos el mismo control que con las viejas y por lo tanto es normal para las personas que sufren de apegos el que le tengan miedo al futuro, a un futuro del cual solo nos podemos afirmar en ideas y deseos, pero que solo un presente constante nos reafirma si es posible o no lo que pensamos sobre él, en ese futuro siempre se encuentran alojadas nuestras más íntimas e incalculables necesidades de afecto, de crecimiento personal, de la impetuosa necesidad de asociación con la sociedad en general y en específico con alguien del género contrario al nuestro, y así es que a diario nos generamos expectativas sobre los ideales que nos hemos forjado, si alguno de ellos se cumple tal y cual lo imaginamos, entonces se crea un logro, el cual nos ocasiona una sensación de euforia, y esta a su vez reafirma la creencia de que podemos lograr las demás metas que tengamos, si alguna de nuestras metas la cual solo está en nuestras ideas no llega a cumplirse en el lapso estimado, entonces esta meta nos crea una sensación de insatisfacción, la cual en algunas ocasiones nos creará una estadía más duradera en tratar de que si se logre, lo que nos quita el enfoque de que por más importante que parezca el lograrla, definitivamente lo que ocasiona es que no empecemos a querer lograr algo más grande y que tal vez si tenga un futuro más prometedor, más positivo y con una ganancia más benéfica, pero es la creación de esa idea obsesiva lo que en sí nos mantiene aferrados a un futuro el cual no se cumple a la medida de nuestras expectativas y es la falsa creencia del amor que la sociedad nos impone que nos refuerza la falsa creencia de tener que luchar por algo aun y cuando ese algo ya se perdió incluso por decisión de la otra persona, pero es parte del crecimiento humano errar en ocasiones, claro está que no es normal el pretender crecer solamente a base de negatividades, de pérdidas y de todo lo malo que nos pudiera pasar, claro que no, es claro que también de todo lo bueno que nos pase que podemos obtener grandes crecimientos de todo tipo, muy en lo personal creo que toda fortaleza nace principalmente motivada de la educación, y que dichas fortalezas las cuales hemos venido adquiriendo desde nuestra infancia, son las que nos proveen de la capacidad de no engancharnos con una persona en alguna situación muy negativa, y que si nos vemos desprovistos de esa educación, obviamente también nos veremos desprovistos de los afectos necesarios para la adquisición de dichas fortalezas, también otra manera de decirlo es que, todos nacemos siendo peces, en una pecera en la que están nuestra familia y personas más allegadas, luego vamos creciendo y con el tiempo nos hacemos mayores y si es que corremos con la suerte de no pertenecer a una de esas familias en las que la violencia, la falta de atención emocional y física o de hasta una muy marcada sobreprotección sean su modo de educarnos, entonces es que adquirimos el poder de decisión sobre nuestras vidas a más temprana edad, llega entonces un momento en que necesitamos salir de esa pecera y buscar una propia a la medida de nuestras necesidades y gustos, si elegimos de entre lo bueno lo mejor, entonces estaremos en el camino correcto, el cual nos llevará a conseguir nuestra propia pecera, de lo contrario seremos como peces en el desierto, si deseamos encontrar el camino a esa pecera tan deseada, lo primero será no negarnos el ser la mejor versión de nosotros mismos/as al no evitar tomar el camino que Dios nos mandó a recorrer a esta vida que es el que caminamos cuando escogemos lo que necesitamos y no solamente lo que queremos, porque lo que queremos es como un premio por haber logrado algo y más como una meta, mientras de que lo que necesitamos es un rumbo, y la meta es solo una energía provisional que nos abastece de vida mientras es buscada dicha meta, y esta se termina con su alcance, mientras de que el rumbo es fuerza de vida, ese rumbo es como una meta, pero a diferencia de la meta normal, esta no vislumbra un horizonte y por lo mismo sea que no se alcance nunca su fin, y a su vez nos brinda de fuerza durante toda nuestra vida, por eso es que el tener un rumbo, nos da una dirección de donde es que debemos de estar en esta vida de una manera más correcta, y ese rumbo lo conseguimos solo cuando estamos en nuestra pecera, y solo así somos como peces en el agua, en nuestro elemento, estamos entonces en armonía con nosotros, con nuestro entorno, con todas esas personas que nos rodean y comparten nuestra vida de alguna manera, y solo así alcanzamos la máxima felicidad que gradualmente nos lleva a conocer el amor más grande de nuestra vida que es el propio, lo que nos capacita para poder amar a alguien más, porque lo que tenemos es lo que podemos dar, y por lo tanto es que si somos amor, damos amor, si somos ausencia de amor, entonces no damos nada, pretendemos depender y creer que el amor de alguien más nos dará el propio, entonces si quieres ser feliz, consigue tu pecera, y no solo serás un pez en el agua, también serás amor, tendrás el amor de las personas que te rodeen y tendrás una vida plena y llena de equilibrio, de aquí desprendo el que nuestra familia es la más importante escuela donde aprendemos todo lo más importante sobre el amor que daremos y recibiremos, el ver como se dan afecto nuestros padres y el cómo le dan afecto a las demás personas, eso nos predispone a cómo seremos en gran medida ya de grandes, y este aspecto de cómo se aman entre ellos y como tratan a las demás personas es lo que nos da el significado más importante en nuestras vidas sobre el amor, por eso es de esperarse que el amor que busquemos en las personas con quienes deseemos convivir y hacer pareja tenga que ver con el tipo de afectos que nuestros padres nos enseñaron como buenos, de ahí surge el hecho de que en ocasiones nuestra pareja tenga algún parecido conductual con la forma de ser de nuestros seres más queridos, (nuestros padres), y darse cuenta de que el idealizar a esa persona con quien deseamos compartir la vida debe ser parte solamente de las primeras etapas del enamoramiento en el que todavía tenemos como única motivación lo que idealmente creemos de esa persona, pero ese ideal es más que suficiente para tener el valor con el cual nos motivaremos para acercarnos a esa persona que nos atrae por primera vez, esa fuerza de la que se conforma la atracción, en lo personal, es muy pero muy personal, porque no solo proviene de un gusto por la voluptuosidad que nos enseña la vista, sino también de cosas sobre como huele esa persona, o por la admiración que le pudiéramos tener, o por algo en específico que a grandes rasgos y ya con el tiempo de conocerle nos proveerá de la razón que dicta no solo el corazón sino la mente también, y ella dice que para tener un amor estable y perdurable, es necesario dejar de sobrevalorar a esa persona y entonces sí verla tal cual es, para entonces poder empezar un camino de conocerle tal cual, y con el tiempo y el conocerle como realmente es, entonces podamos decidir a ojos abiertos si en verdad es para nosotros esa persona tanto como sí nosotros lo somos para ella, porque si pretendemos obligarle a amarnos tan solo porque nos gusta mucho aun cuando sepamos que no le gustamos por igual, estaremos tratando al amor como una cosa que se puede poseer por absoluto, pero el amor no es propiedad absoluta de alguien, el amor es como el olor de una flor, muchas personas pueden olerlo y a su vez ninguna lo podrá poseer más que la flor, y si piensas que arrancando la flor para luego llevártela a un lugar en que solo tú puedas deleitarte de su belleza ella estará mejor, te equivocas, entonces pregunto, ¿arrancarías una flor de su tallo solo porque es bella y deseas tener su belleza solo para ti, por miedo a perderla sí no la apartas del mundo entero?, ¿te das cuenta de que la belleza de la que tu vista y conocimiento se deleita, se generó estando en su elemento el cual es esa tierra en la que se encuentra desde su nacimiento, y que si le arrancas de ella, entonces empezará a perder su esencia y con ella su belleza de la que te deleitaste también?, será entonces que comparando a dicha flor con las personas dentro de una relación de pareja, pueda entonces exponer mi punto de vista de que las cosas por las que nos enamoramos de alguien en específico deben ser motivadas por la libertad de ser y hacer en ambas personas, y de que si es su amor real hacia ti, no solo no es mejor el dejarle decidir sobre si escoger ser tu pareja, sino que también debemos de aceptar que el pretender alejarle de sus amistades solo empeorará la percepción que de ella o él tienes, debido a que obviamente dejará de ser quien es por empezar a entrar en el molde de quien prefieres que sea, entonces el alejarle de esas personas como de su familia y demás que creas que pudieran resultar dañinas para la relación, date cuenta de que realmente solo ella o él pueden y deben permitirse que se le acerque este, aquel o quien sea, y no importando si es hombre o mujer, pues sí empiezas por cimentar tu relación con las mismas conductas de un secuestrador, correrás el riesgo de que en algún momento te empiecen a amar al igual que las personas que sufren del síndrome de Estocolmo en el cual las personas que se han visto secuestradas en el momento de estar impedidas acuden en su inconsciente con tal de dejar de sentirse tan mal ante esa persona con la que no encuentran otra forma de ser en pro de su bienestar, por lo que el mecanismo de defensa que usarán será empezar por negar la realidad que se envuelve en negatividad constante y además de eso también reprimirán toda respuesta obvia ante el maltrato de esa persona, todas estas personas que están dentro de una relación así de tóxica empiezan a generar una sensación de bienestar inversa a lo que realmente deberían de sentir debido de tal maltrato, lo que inevitablemente les llevará a sentirse tan atraídas/os a su secuestrador que incluso si les sigue tratando mal, estas/os seguirán perdidamente enamoradas/os de su secuestrador, todo esto nos lleva a pensar en que la imagen de la princesa encantada y el príncipe azul con que de niños/as nos vendieron la imagen de un amor puro y real, me lleva a darme cuenta con las vivencias que yo mismo he tenido y más que nada con las incontables vivencias que mis pacientes han tenido el que definitivamente dicha imagen está muy alejada de la realidad, por eso es que debemos de aprender a darnos cuenta sobre que algunas veces buscamos amar a alguien desde la percepción que tenemos de una pareja perfecta, la cual nos inculcaron las personas que más amamos en este mundo, y que el amar a esas personas en ocasiones nos ciega la vista, el oído, el olfato y hasta la razón, pero el simple hecho de aferrarnos en esa medida estándar que aprendimos del amor paterno y materno, en ocasiones ya nos predispone a idealizar aun después de pasar las 3 etapas del noviazgo, y eso genera apegos, los apegos generan conductas de sumisión, de dependencia y de amor que no es amor, como el oro del tonto que brilla al igual que el oro de verdad, generando así la idealización de algo o de alguien al igual que el brillo de dicho oro falso hace que nuestro estado anímico nos lleve a ver en cualquier persona que nos devuelva una sonrisa o una mirada o un simple saludo, a candidatas o candidatos de una posible pareja, pero no es más que una simple necesidad muy grande de afecto lo que nos impulsa a ver lo que no existe en alguien que llegamos a creer que sí posee todos esos atributos, y por eso es que quienes estén muy muy faltos de afectos sea entonces que no se den cuenta de que ese espejismo solo es algo creado por su falta de resolución afectiva interna y de no saber cómo socializar más correctamente, si me preguntaran a mí sobre cómo son en su vida social este tipo de personas, yo respondería que son las personas que a cada rato aprenden a las malas, y por tanto es que sea normal el saber que son personas con muchos problemas, y que tiendan a tener pocas amistades o en el caso de quienes tengan muchas, realmente ninguna o la mayoría de ellas son amistades de bien, entonces diría en pocas palabras que son personas con analfabetismo emocional, y en base a eso es que cuando sienten algo solamente puedan intelectualizarlo y en base a eso solo sepan que sienten ese algo, y que solo puedan entonces razonar ese algo como una idea, mas no como un sentimiento con procedencia exacta, y de ahí que con el tiempo para este tipo de personas sea de esperarse que les surja gradualmente un sentimiento de frustración, porque tarde o temprano su consciencia se abrirá a la realidad y podrá entonces confrontarse con el ideal que hasta ahora ha creado muchos momentos de supuesta felicidad, es por eso que llega la frustración, porque dicho estado de consciencia ahora provee de la verdad, la cual le indica que esa felicidad esta cimentada en una mentira creada por su falta de afectos sociales, esos que se dan en una buena amistad de amigos, o esos que se dan en una buena relación con los seres queridos, en especial con los padres, y por último sabrá que esa carencia de afectos en parte proviene de una posible carencia de igualdad en la interacción con sus iguales como iguales o de una posible sobreprotección por parte de los padres, la cual en ocasiones sobrepasa la infancia y mal-sigue en la adultez, en otras palabras son personas que no saben cómo vivir bien la vida y por lo tanto es que sea normal que cuando están mal, realmente tengan la sensación de que están en su elemento y por eso es que inconscientemente busquen crear situaciones que les mantengan en un estado de apego y negativo para sentirse entonces en su elemento y así seguir en su lugar de confort, lo que con el tiempo les lleve a buscar y encontrar a personas como amistades y parejas que de alguna manera les hagan sentir siempre así, cuando estas personas apegadas a un estilo negativo de vivir se dan cuenta de que en realidad las personas que les rodean son malas personas, incluyendo a su pareja, empiezan a generar la sensación de uno o muchos remordimientos por haber perdido el tiempo con esas personas, y si es que esta persona se queda enganchada a dicho estilo de vida, entrará en un círculo vicioso en el cual todo se repetirá una y otra vez, entonces empezarán a culpar a diestra y siniestra a cuanta persona de su género contrario se les acerque o no por presunta forma de ser tan negativa como la de su ex, o sus exparejas, pero yo creo que todas las personas somos distintas y que nadie es igual a nadie más, porque soy de los que creen que la vida es muy corta como para vivir con remordimientos de manera obsesiva, pues son todos esos recuerdos de vivencias en las que mal nos ha ido en la vida, que nos hacen más fuertes cuando sabemos darles la correcta importancia, pero que si les damos más importancia de lo debido, es cuando la vida se vuelve un problema tras otro, y debido a esto es que no puedo evitar decir que ahora sé que las personas dentro de una relación tóxica se diferencian de las demás parejas que no lo son, porque en la primera existen muchas mentiras, la más grande de ellas es cuando te dicen que te aman sin amarte, pero es tan real, y cuando la necesidad afectiva es mucha es tan bonito que te digan eso, en algunos momentos al menos yo, sentía que era real, y quiero pensar que en algunos momentos sí lo fue, también en esas relaciones tan negativas la persona que más manipula, tiende a hacerlo con actos que vulneran los principios de tal manera que poco a poco la persona que es manipulada tiende a despersonalizarse, y se nota porque empieza a dejar de hacer su vida como antes acostumbraba normalmente, ya saben todo ese tipo de personas manipuladoras se dan a conocer porque tienden a ser personas de personalidad narcisista, y clásicamente son todas esas personas que refuerzan su narcicismo en presencia de las más posibles personas, de ahí que sean muy sociables, y que según ellas o ellos nunca se equivocan, siempre tienden a ser personas con mucha seguridad en sí mismas, y definitivamente son mucho muy agradables en su apariencia y más en lo que respecta a la vida social, todo este tipo de personas narcisistas ya estando dentro de una relación dejan ver su parte narcisista patológica mediante una constante negativización del estilo de vida de su pareja, y esta persona manipuladora se muestra de una forma en que la persona manipulada parezca la culpable de todo cuanto le suceda, y pudiera suceder a ella y en general a ambos, por lo que gradualmente empiezan sugiriéndoles que cada cosa en su vida y forma de vivirla, es realmente nociva, incluso también llegan a motivarle a que gradualmente deje de frecuentar a sus amistades, la excusa de la parte manipuladora es que dichas amistades son malas para la relación, donde muchas de ellas se supone que lo son por ser muy malas influencias y supuestamente sonsacadoras y es por eso que la manipulación se establece desde el punto de vista de que dejar de hacer amistad con dichas personas es por el bien común de ambos, más que nada se muestra como un gran favor el que le hagan ver que incluso existen dos o tres de esas mismas personas con las que se supone le pudiera engañar, no puedo evitar el no decir lo que es tan obvio sobre que dichos comportamientos definitivamente impiden el crecimiento personal de la parte manipulada, y creo que si realmente no te aman se dejará ver por todos estos tipos de tratos y creo que una de las formas en que podemos revisar de donde posiblemente vienen dichas conductas, es regresando a nuestro pasado, en donde pudiéramos haber aprendido a ser tan excesivamente tolerantes y tan sumisos/as, y es así que observando en retrospectiva la relación de nuestros padres podemos darnos una idea de si fueron todos esos ejemplos buenos y malos que de ellos aprendimos como parte de nuestra educación lo que nos hizo de manera inconsciente el ser personas con conflictos de interacción afectiva o que la falta de madurez nos ciegue ante el poder de arreglar lo propio mediante nuestras propias capacidades y que entonces prefiramos ver espejismos de oasis en el desierto con tal de seguir un estilo negativo de vida por no afrontar el resultado de las necesidades de nuestra vida de adultos, lo que gradualmente nos llevará a buscar y luego encontrar todas esas personas como amistades y de parejas que nos refuercen ese estilo tan malo de vivir, para después gradualmente se vea sin darnos cuenta afectada nuestra forma de actuar, nuestra sociabilidad y de hasta nuestros sentimientos sean esclavizados por alguien en quien percibamos al igual que en un espejismo algo que solo está en nuestra mente, esa relación generará que no solo amemos sin amor o que nos amen sin amor también sino que también seamos esclavos, esclavistas o ambas cosas y que hasta nuestros pensamientos y nuestras acciones se vean afectados por tal unión, ya que este tipo de relación y de relacionarse conlleva a que en cada momento posible la persona esclavizadora diga a la parte esclavizada el que tiene que hacer esto, dejar de hacer aquello, y por sí fuera poco, también le dirá cómo sentirse ante cualquier situación, sé desde mi experiencia el que el primer signo de amor a la pareja empieza desde el amor que nos tengamos a nosotros mismos, y sé que si realmente nos amamos, entonces sí podremos decir que amamos a nuestra pareja, porque sé que damos lo que tenemos y si tenemos amor propio, entonces daremos eso.

Tardé mucho en darme cuenta de todo lo que necesitaba para ser una persona feliz, incluso hubo momentos en los que llegué a actuar de tal manera en que solía desplazar mi falta de control, al control activo de las personas a las que con una supuesta ayuda pretendía realmente generar esa sensación de control desde el control de sus vidas a través de darle comida a los pobres, o a través de llevarles la palabra de Dios, o de hasta construirles sus casas a personas que la habían perdido en un incendio, con el tiempo y todas esas experiencias con las que realmente huía de mi pasado, logré entender que sí quería superar lo vivido, entonces tendría que enfrentar los resultados de mi mal actuar en lo que llevaba de vida, por eso y debido a las tantas pérdidas que tuve es que en un principio empecé este camino con rumbo a un mejor yo, ansioso por un futuro incierto, repleto de dudas, vacío de amor propio, cansado de tantos problemas, harto de mi pasado y en ocasiones también de mi presente, hago esfuerzos y abecés logro estar un buen tiempo en el aquí y ahora, veo que a mis espaldas cargo un costal repleto de todas las faltas que he cometido, con todos esos afectos mal dados y mal correspondidos, con muchas metas y sueños rotos, con un empleo en el cual no encontraba satisfacción ni crecimiento alguno, con dos hijos muertos, con un divorcio a cuestas, sin dinero, sin casa, sin amigos, sin ganas de seguir, hago un recuento y veo que definitivamente son muchas las cosas en mi costal, pero también es mucha la necesidad de encontrar respuestas, curas y un camino que me lleve a ser mi propio salvador, veo también que en ese costal sobresale una que otra culpa ajena, y así mismo cuando me doy cuenta de ellas, así las desecho, y así el peso se hace menos, y desde el fondo en que varias veces he estado logro ver el resultado de mis malas decisiones e irremediablemente me doy cuenta que yo y solo yo soy dueño de mis actos, también que yo y solo yo decido hacer importante todo lo bueno y todo lo malo que me sucede y que en ocasiones muy seguidas, mi problema no es el problema en sí sino que por elección propia decido quedarme a vivir por mucho tiempo en el pasado, en definitiva, veo que estoy acostumbrado a vivir tan mal que para sentirme cómodo y no salir de mis áreas de confort, yo mismo en ocasiones he creado problemas para reforzar mi estilo negativo de vida, y los que ya tengo les doy demasiada importancia, todo esto me lleva a pensar que no es raro como la acumulación de pequeñas cosas que en la vida nos tocan vivir, inevitablemente te llevan a cometer actos inconscientes en ocasiones negativos y en otras positivos de gran valor, en mi caso el acto de más valor inconsciente fue el haber decidido casarme desprovisto de conocimiento alguno sobre las mujeres y sobre mí en cuestión sobre cómo escoger pareja, así que el casarme de esa manera y con esa deficiencia tan marcada de conocimientos sobre el tema con alguien a quien solo la motivación de mis ideales y de la atracción visual que por ella sentía, que un día sin más ni más decidí que alguien que me llamó la atención a primera vista, decidí que era la persona correcta y en base a eso y a que ella era tan idealista y estaba tan rota por dentro como yo, así de simple un día después de seguir muchas reglas sociales y familiares, simplemente nos casamos, por el civil un día y al siguiente por la iglesia, con fiesta y todo.

Es bueno retocar este tema del matrimonio pues si me llegara a casar otra vez, sería con alguien a quien escogiera conscientemente de mis necesidades, de mis límites, y sobre todo no estando motivado excesivamente por mis ideales como ya antes lo estuve y esperando claramente que ella tampoco esté motivada excesivamente por sus ideales, que en definitiva no sea yo su prospecto de pareja de vida solamente, como medio por el cual ella transfiera sus represiones y de faltantes de afecto paterno-filial, ni un conducto mediante el cual satisficiere sus faltantes económicos, para entonces sabiendo esto sea más fácil el no repetir lo ya vivido con mi exesposa con la pareja actual, aun con todo esto sé que irremediablemente el no ser perfecto me llevará a tener problemas con mi pareja actual, pero el asunto es no tener los mismos problemas ni unos con la misma o parecida gravedad que los de la relación anterior, y es por eso que es de gran importancia el saber que lo que puedo ofrecer es la medida para saber qué es lo que deba y pueda exigir de esa persona, y a grandes rasgos antes de ser esposo o siquiera pensar en serlo, no sabía ni la mitad de lo que sé ahora sobre el cómo ser buen esposo o cómo buscar una buena pareja, en mi caso fue el matrimonio lo que a las malas me abrió los ojos en esta vida, fue una gran experiencia, hasta ahora la más grande, ya que de esa unión aprendí a conocerme a mí mismo, aprendí a cómo tratar mejor a las personas, aprendí a cómo amar y ser amado, aprendí a no dejarme de las personas injustas, aprendí a tratar a las mujeres y aprendí a no andar de empleo en empleo, pues ahora ya tenía que ser responsable pues ahora ya tenía por quien ver en la vida,(mi ex-esposa y en un futuro muy deseado nuestros hijos), y con el tiempo de estar casado me ví forzado poco a poco a entender que en definitiva, no era ella la persona con quien debía de estar el resto de mis días, comprendí que ella pensaba y sentía lo mismo, ambos decidimos que en definitiva no éramos la pareja perfecta ni la ideal ni algo que se le acercara, y en definitiva el día que tenía que llegar por fin llegó, un día y sin esperarlo al ir llegando de mi trabajo por la tarde y al entrar en la casa sospechaba un aire de vacío en ella, a pesar de que nada faltaba aparentemente, pero ya entrando más en la casa me di cuenta de que ni sus 75 pares de zapatos estaban ni sus demás pertenencias, y al buscar una razón aparente de su faltante de cosas y de ella, logré visualizar una carta sobre la mesa, en la que decía que ya no podíamos estar más tiempo juntos, que el daño que entre los dos nos causábamos era irremediable, que era grande el amor que me tuvo y sabía que yo también le había tenido, pero que alguien tenía que tomar la decisión y que ella se decidió por fin a tomarla, por lo que decidió partir a rumbo desconocido en el cual pedía que no le buscara como en las anteriores veces en que se había ido de casa y así después de este gran viaje en el que me embarqué con una gran persona, y un día después de muchos más de haber pasado el tiempo estando probando el ser divorciado decidí acudir a terapia psicológica, mi psicóloga me dejó de tarea que escribiera mi historia de vida desde que tuviera el recuerdo más viejo hasta el día actual, así que me decidí a escribir sin saber qué escribiría, no tenía ni idea de qué pondría en el escrito y si sonaría bien o mal, el día que terminé, dos días después de estar escribiendo, decidí leer mi escrito, realmente no sonaba tan mal, dicho escrito me motivó a seguir escribiendo pero de una forma en que pudiera ayudar a las personas que como yo o mi ex-esposa pasaran por situaciones de gran estrés en su relación de pareja, recuerdo que cuando estaba leyéndole mi biografía a mi psicóloga, sus ojos adquirían un brillo único y a la vez se le corría una que otra lágrima por su mejilla, recuerdo que eso fue un gran motivante de porqué decidí empezar a escribir, y ya que mi escrito era algo así como una telenovela de terror cómico, no quedó de otra más que aplicar lo poco o lo mucho que sabía de psicología con el fin de sonar de mejor manera y así poder encausar realmente mi fin máximo, realmente me gustó lo que plasmé y la forma en que lo hice, era algo así como una ventana de papel y tinta al pasado de mi vida en la que al asomarme a través de esos recuerdos escritos, podía analizar una y otra vez lo que había sido mi vida desde mi infancia hasta mi adultez, aprendí con este escrito que una de las mejores maneras en lo personal para superar una relación amorosa fallida es convertirla en literatura, además claramente podía ver que muchas cosas que me pasaban en el presente eran causa de las carencias que tuve en mi educación, o de hasta los ejemplos buenos y malos que tuve o no de mis padres y demás educadores porque para no ser mentiroso veía que mis padres realmente no me habían educado gran cosa, pues gran parte del tiempo siempre estaba en casa de mis abuelos maternos, mi razón para eso era que mis padres siempre estaban peleando entre ellos, y yo definitivamente con mi poca capacidad de razonamiento de niño solo podía salir huyendo de ese entorno tan problemático, el lugar al que iba no era precisamente uno donde me quisieran mucho, de eso estoy más que seguro ahora, de hecho más bien puedo decir que era un lugar donde apenas me toleraban, era el lugar en que mi madre había dejado sin resolver un sinfín de problemas en contra de su propia familia, y al verme a mí indefenso, para ellos era fácil el que aun de manera inconsciente, descargaran la ira reprimida que realmente debían canalizarla hacia actos que les permitiera afrontar las causas reales de su estrés reprimido o ya de pérdida y en el peor de los casos en contra de quien se las había causado, (mi mamá), y pues como yo era su hijo y solo tenía una edad tan corta al igual que mi estatura, era entonces un buen lugar donde descargar su frustración, y como yo lo único que quería era sentirme con algo de afecto, inconscientemente hacía un recuento de la violencia que vivía en mi propia casa y la comparaba con la violencia que vivía en casa de mis abuelos, para ser sincero, prefería mil veces la violencia que se me daba en casa de mis abuelos a la de mis padres, y en base a esa elección inconsciente fue que decidí estar todos los días o la mayoría en casa de mis abuelos, y así es como llego a la conclusión de que todas las represiones gradualmente si no son bien canalizadas a tiempo, inevitablemente no solo se convierten en problemas mayores, sino que también inevitablemente se convierten en problemas que tarde o temprano terminan por proyectarse en contra de alguien que ni culpa tenga en ese problema reprimido, y así es como llego a la conclusión de que estas represiones siempre tienden a tomar una forma específica, de la cual subyace hipotéticamente una gestalt de origen aparente, detrás de ella se encuentra un fondo que es lo cual se supone es la causa, pero la causa real es el trasfondo, y para poder dar con el lugar de origen de dicho problema nos podremos situar desde el mecanismo de defensa que se usó para convertir, desplazar, proyectar, identificar proyectivamente la o las represiones, y solo así es que entonces podremos ubicar el trasfondo dependiendo de si el mecanismo de defensa es de tipo primario que es en donde se ubican todos los mecanismos en las primeras etapas del desarrollo desde la primer etapa de vida que es desde la infancia hasta la pubertad o si es de la segunda etapa que son desde la pubertad hasta la adultez, o si es de tercera etapa donde se sitúan los mecanismos de defensa desde la adultez hasta la senectud, dicho esto aclaro que entonces me es imposible no darme cuenta de un patrón el cual se deja ver a simple vista en el que sin lugar a dudas en algunas parejas se deja ver más la necesidad de dicha unión motivada por una necesidad inconsciente de repeticiones conductuales y de resolución de la libido que de un motivante más racional, más de amor con equilibrio emocional, y antes de conocer a la y las personas que me acompañarían por la travesía en la que he aprendido las cosas más valiosas de mi vida, diré lo siguiente y es que antes pensaba de una forma muy distinta, vivía de una manera totalmente diferente, pensaba que todo era una medida estándar aprendida solamente de mis seres queridos, lo que gradualmente me ha llevado a darme cuenta de que existe mucha motivación en el paradigma educacional por parte de todo el entorno, de todo lo que en él habita, y no solo las personas más allegadas son las que educan, sino también las amistades, las personas desconocidas, la moda del momento, lo que se vea en la tele, las mismas motivaciones internas y todo cuanto se perciba con los sentidos, y desde muy pequeño llegué a pensar que cuando fuera adulto estaría sin pareja el resto de mi vida, porque ese era el ejemplo que tenía de mis padres separados, los cuales no volvieron a juntarse, y nunca imaginé que emprendería semejante viaje, en el que sin saber ni esperar, aprendería todo lo que sé sobre el amor de pareja, nunca me imaginé que todo

33

eso que tenía que haber aprendido de mis padres, realmente me tocó aprenderlo a las malas en cada una de mis vivencias al lado de otra persona que sin darme cuenta estaba igual o peor que yo, pero era exacto esa igualdad la que reforzaba nuestra falsa sensación de amor y mutuamente nuestros estilos de vida tan negativos, por eso fue que realmente nos gustamos tanto, por eso fue que cuando estábamos casados, todo lo vivido en nuestra infancia, mucho de esas vivencias se repitieron en nuestra relación, y en aquel tiempo solía pensar que en efecto para mí no existía ninguna persona, la forma en que la conocí fue que un día sin esperar nada, simplemente estaba admirando a una bella mujer, a la distancia, ella iba caminando por la banqueta de enfrente a la que yo me encontraba, en ese momento supe que mi vida daría un gran cambio entonces supe que todos los días de mi vida no volverían a ser los mismos, y cuando esto ocurre lo sabes, y vaya que sí fue grande el cambio, ella iba vestida de todo eso que tanto nos gusta de las personas, me refiero a su voluptuosidad, a su forma tan distintiva de vestirse la cual no afloraba presunción alguna, algo me decía muy en mí interior que era la persona correcta, aun sin conocerla, aun sin haberle dirigido la palabra nunca en mi vida, es más esa fue la primera vez que supe de su existencia, y más o menos a unos 15 metros es que con su presencia me flechó a primera vista, fue no solo un flechazo sino una vida entera la que vi pasar ante mis ojos en tan solo los pequeños momentos en que ella pasaba caminando enfrente de mí, a una distancia en la que a pesar de no poder tocarla u olerla, simplemente vi la vida al lado de la persona que sabía que Dios tenía para mí, y acto seguido le dije un piropo, el cual no me acuerdo, porque solía pensar en esos días que un piropo bien dicho y sin ningún afán de ofender, era un motivo no solo para gustarle a esa persona que me atraía, al menos con la mirada, porque todavía no me conocía, y ni yo a ella sino también un método para saber si era una mujer de respeto, creía que sí volteaba o se molestaba, entonces no era la persona correcta, pero ella ni volteo, ni se molestó ni nada, por lo que me motivé a acercarme más, ya estando lo más cercas posible me presenté, e imponiendo mi educación y mi corpulencia con afán de agradar, con esta experiencia logro darme cuenta de que a pesar de que nuestra relación fracasó, me sirvió para darme cuenta de que no existen garantías que nos indiquen el tiempo que estaremos al lado de nuestra pareja, y dicho esto, el resto es más que obvio y entonces llega el momento de explicar el porqué de dicha contra-portada, en esa banca fue que le pedí matrimonio a mi exesposa, todavía recuerdo cada pequeño detalle, ella traía puesto un hermoso vestido color negro, me encantaba como se le veía, con su bello tono de piel blanca, su esbelta figura, su cabello rizado y rubio, en serio que lucía como un sueño hecho realidad, y recuerdo que era tarde, y tenía pensado pedir su mano más temprano en un centro comercial, pero me acobardé, luego al ir de vuelta a su casa, me acordé de un bello lugar el cual quedaba de camino y que se usa como caballeriza de la policía municipal de mi ciudad, así que me decidí a llegar a ese lugar y armarme de valor para pedirle su mano, no recuerdo las palabras exactas, el caso es que vi una banca la cual se cubría por la sombra de un enorme árbol álamo, era como estar flotando, en esos momentos me sentía como pez en el agua, en mi elemento, todo era perfecto, y sentía en demasía que nada podría salir mal, su mirada recuerdo que expresaba una gran sonrisa, mucho amor, mucha paz, me encantaba por su forma compasiva y empática con la que le demostraba amor a su familia, por su gran sonrisa, por ese hermoso brillo que caracteriza a las personas realmente felices, así que ya llegado el momento me arme de valor y a la más tradicional manera, me hinque y le propuse matrimonio, lógicamente esperaba que me dijera que sí, pero cabría la más mínima duda de que dijera lo contrario, enserio que sí sudé, en esos momentos tenía tanto miedo de que me rechazara, que en serio me habría desmallado, sentía que mi corazón iba a estallar de la emoción, y enserio que, qué bueno que no fue así, porque ella dijo que si sin titubear, y acto seguido nos abrazamos, nos besamos y nos emocionamos por el paso tan importante que habíamos decidido dar juntos, el resultado de dicha unión fue que el mismo día que nos casamos, el día de mi cumpleaños, un 3 de junio, tres años después, y en el mismo día de mi cumpleaños, ella decidió irse de la casa e irremediablemente poco tiempo después nos divorciamos, si tuviera la oportunidad de volverla a ver aunque sea por un momento, sin duda le agradecería por todo lo que me enseño del amor, que es exacto lo que plasmo en este libro, y es después de tomar la decisión de nuestro divorcio que aprendí que las personas en muchas ocasiones nos tenemos que auto-forzar para así poder convertirnos en la mejor versión de nosotros mismos, por las decisiones que de manera consciente o inconscientemente siempre tomamos, y que sí nos detenemos a analizar los tantos porqués de tales situaciones, siempre llegaremos a la conclusión de que en toda ganancia como en toda pérdida, siempre existe la posibilidad de muchas más ganancias, y es así que me decidí a no solo preguntarme el porqué de tal decisión de haberme casado, y de haberme divorciado, y sobre qué era lo que realmente me dejaba de ganancia y de pérdidas el haber compartido la vida con alguien con quien ya no estaré nunca, llegué a muchas conclusiones, entre ellas, la más importante fue que definitivamente tenía que retomar los estudios que hace tiempo había dejado inconclusos de Psicología, y ya estando en la carrera, conocí a personas muy importantes, que con su forma tan diferente de razonar me ayudaron a comprender mi situación emocional tan fuerte por la que estaba pasando, el mismo conocimiento que ahí adquirí, me mostró una realidad que enserio me abrió los ojos, me enseñó a ver a las personas desde su interior, para poder darme cuenta de sí su exterior era real o no, tanto pensar en mi situación, me llevó a aprender cosas que de otra manera no habría sido posible, y con el recuento de los daños y el paso del tiempo, me he dado cuenta de que las ganancias son mayores que las pérdidas que me dejó tal relación, porque ahora sé lo que soy, sé lo que valgo, sé lo que quiero y lo más importante es que sé lo que necesito, de mí, de mis seres queridos, de mis amistades y de mi sociedad, sé ahora que la esencia de nuestro amor se relaciona a nuestra primer relación objeto-afectiva, y es el tipo de apego positivo o negativo de esa primer relación lo que nos programa a como amar, a como amarnos y a como amar la vida, y no me refiero a mi ex esposa, más bien es que hablo de las personas a quienes más amamos y de manera incondicional nos aman, me refiero a nuestros padres y demás educadores, porque es de ellos de quien tomamos el mejor ejemplo a seguir, por amor a quienes hicieron posible nuestro existir, y gracias a eso es que ahora sé qué rumbo deberé tomar, y en el momento que se me presente la oportunidad de conocer a alguien a quien pretenda amar, ya sé que no seré la misma persona que antes estuvo casado sin saber los porqués de dicha decisión tan importante, no cabe la menor duda de que es tan misterioso el mundo del amor, un día nuestros padres con un abrazo de amor nos crean, y ya después cuando somos pequeñitos, desde ese momento y a cada instante posible siembran la semilla del amor en nosotros, con sus ejemplos positivos o negativos, con sus muestras de afecto entre ellos, y entonces un día gracias a esas enseñanzas nos salen raíces las cuales son aprendizajes y de las raíces salen flores o espinas, las cuales no son más que nuestras conductas, nuestra personalidad, según sea el caso, o flores con espinas, y es entonces que empieza a tomar forma nuestra definición del amor propio, y es cuando inconscientemente nos empezamos a convertir en lo que gradualmente será nuestra forma de ser en el amor y en todas las cosas de la vida diaria, en una forma de amar conocida por el nombre de Eros la cual se define por su impulsividad tan marcada y falta de razonamiento enfocada a lo sexual, a lo material, a lo inconsciente, o en otra forma de amar la cual es conocida por el nombre de Philia la cual se define por su capacidad de dar amor de manera consciente por intercambio, o en otra forma de amar la cual es conocida por el nombre de Ágape la cual se define por su capacidad de dar amor sin condición alguna, dado de tal manera que no esperemos nada a cambio más que el bienestar de quien amamos, estos tres tipos del amor cuando están juntos en una relación de pareja, es cuando forman a la pareja ideal, es la pareja que no busca ser más que nadie, es la pareja que se forma por personas que se aman a sí mismas, es la pareja que busca con quien compartir la vida de una manera justa, equilibrada, sin conductas machistas y sin conductas feminazistas, pero solo una de esas formas de amor es lo que define nuestra forma personal no solo de amarnos o de amar la vida y lo que nos rodea como de lo que nos conforma, sino que dicha motivación inconscientemente marca nuestros destinos, de esa forma obtenemos el rumbo en que caminaremos en el camino de las lágrimas o de las risas, o de un actuar ansioso, o de la incapacidad del sabernos como seres completos, de siquiera poder encontrarnos en el cúmulo de estrellas con que nos rodea la realidad de este nuestro existir en este mundo tan lleno de realidades inconscientes, y de amores condicionados, los propios, los familiares, los sociales y los de pareja, claro está que los tres tipos de amor que existen también existen en las relaciones de parejas que no son tan perfectas como las antes mencionadas, solo que de manera no estática, y con el tiempo aprendemos a concientizar más y más cada amor en nuestras vidas, porque aprendemos de mejores maneras a como mejor vincularnos, porque aprendemos a conocernos, porque aprendemos a compartirnos y sobre todo a amarnos, y solo cuando llegamos a la consciencia de las necesidades de nuestro ser es que aprendemos a ver no solo más allá de las apariencias visuales propias, sino de las otras personas, es en ese momento en que aprendemos que como dijo Exupery, que "lo importante es invisible a los ojos", porque uno solo ve con el corazón cuando nos damos cuenta de que el tiempo invertido en saber sobre lo que necesitamos nosotros y sobre lo que necesita nuestro prójimo, o más bien dicho sobre lo que necesita nuestra pareja, nos faculta para cimentar lo que nos hace tan importantes y lo que define nuestra decisión de cómo y porqué amarnos y de amar a alguien, y así es que aprendemos no solo a ser responsables de nuestro ser, sino de lo que nos compete con nuestro prójimo y con nuestra pareja, y así es que realmente amamos, desde el amor que nosotros mismos nos damos, con consciencia, con auto-aceptación de lo que somos, de lo que podemos ofrecer y a su vez basado en esto sobre que podemos exigir, y aun cuando en todo lugar se diga que la base de toda buena relación es la comunicación, pero es de gran importancia el que acompañada de dicha comunicación venga también una justa reciprocidad, y un autoconocimiento de lo propio, para con esto estar conscientes de no dar más ni menos tú que yo, para entonces no crear dependencias, ni esclavismos y ni apegos innecesarios, al menos dar lo más parecido a lo que recibo o algo que se le parezca lo más posible, o de lo contrario al dar demasiado poco o demasiado, motivaremos a que irremediablemente se creen tensiones por no recibir ni siquiera algo parecido a lo que se da, y con esto para poder entonces aprender a ver lo que es importante anticipadamente, porque de otra manera, nos lanzaríamos en busca de la pareja ideal de una manera idílica que incluso al ver que nuestra pareja ya formalizada no es lo que esperábamos de ella o de él, nos causaría tal confusión, angustia o enojo que en algunos casos tenderíamos a pretender manipularle con el afán de moldearla/o a nuestro gusto ideal, lo que desgraciadamente solo se podría lograr con alguien que no posea autoestima, y eso sí que es un problema mayor, porque quien no posee autoestima, mucho menos posee amor propio y por definición tampoco posee ni el conocimiento sobre como amarse o como amar a alguien más, y ni las ganas, ni la necesidad de amar a alguien más, en pocas palabras estaríamos pretendiendo amar a alguien que es dependiente, porque podremos pretender por un tiempo el que el amor de nuestra pareja nos satisfaga de gran manera como forma real del amor, pero llegará el momento en que nuestra pareja se sienta con la necesidad de reciprocidad por el afecto que siempre nos da, y que al no poder retribuirle dicho afecto, empiecen a generarse tensiones debidas de una falta de conocimiento sobre cómo actuar en dicha situación, y con esto me atrevo a decir que a dónde va el camello que no lleve su joroba, porque no podemos esperanzarnos a que alguien más nos dé lo que solo nosotros nos podemos y tenemos la obligación de proveer, porque la dependencia emocional y económica aparte de ser una forma inconsciente de vender demasiado caro nuestro amor (prostitución), también se convierte inevitablemente en una forma de esclavitud escogida por uno mismo/a, y eso sí que conlleva una vida de sufrimientos y nunca de felicidad.

Por eso es que es de gran importancia el saber que antes de pensar en elegir pareja, debamos de aceptar auto-analíticamente si estamos o no preparados para ser parte de una relación amorosa, para después si es que si estamos entonces podamos elegir de entre todas las posibles opciones de pareja a la mejor de todas, a la que mejor embone, a la que mejor se amolde a nosotros, por lo que me atrevo entonces a recomendar el tener varios noviazgos, porque de que otra forma podremos aprender en carne viva lo que solo se aprende en la escuela de la vida en referencia a asuntos personales, y si no fuera mediante la experiencia, ¿cómo tomaríamos las mejores decisiones?, entonces si dicha experiencia no fuera necesaria, se podría decir que efectivamente sería mediante la mayor cantidad posible de castidad y de tener solo un noviazgo, porque ¿cómo sabe una persona a que sabe la comida mexicana si nunca la ha probado?, al momento de elegirla por primera vez en un restaurant, sería de lo más lógico que no supiera más que pedirle al mesero que le recomiende algo y por ende sea de lo más lógico que a la mejor le toque una comida demasiado picante para su paladar, o que le sirvan un platillo demasiado condimentado, que definitivamente le resulte tan dañino que hasta le de algún tipo de malestar, por eso es de gran importancia el aprender a superar los apegos paternos y maternos así como también el dejar de apoyarse en las creencias socio-religiosas sobre que a mayor castidad referente a tener los menos noviazgos posibles y obviamente referente a experiencia sexual también, y es que solo así y mediante el dejar de hacer caso de designios con tintes mesiánicos o sociales paradigmáticos que se obtenga entonces a la mejor de las parejas, porque la experiencia de todos basada en el índice de divorcios, de violencia intrafamiliar, violencia de género, homosexualidad y lesbianismo indiquen claramente que seguir haciendo caso de las reglas socio-religiosas solo atraen los mismos resultados de siempre, porque da la pequeña casualidad de que todo lo mencionado es causa de un mal matrimonio, causado precisamente por no saber elegir pareja, porque por principio de cuentas ni se conocen a sí mismos/as, y en base a eso no saben qué es lo que pueden ofrecer y en base a esto no saben lo que es justo exigir, y es gracias a esto que uno no debe irse con la finta de pretender equiparar la belleza física a la belleza y estabilidad emocional y de mucho menos equipararla con la compatibilidad, o porque sea quien más nos ofrezca económicamente, ni porque pretendamos que por su exceso de felicidad sea quien nos provea de la nuestra, sino porque es quien más se vincula con nosotros, porque quien más vínculos tenga, sencillamente será quien nos enamore no solo con su atractivo físico, sino con su atractivo interno, y eso será lo que dé fuerzas motivantes en lo que les destine el tiempo a estar juntos.

Parte dos.

Cuando el amor es recíproco, la razón mutua manda y el impulso espera, y es así que nace el amor entre dos personas que se empiezan a conocer, son dos realidades que luchan por embonar la una en la otra, con el tiempo dejan de ser tan distintos, si ambos se eligen, entonces llega el momento de concientizar lo que se escogerá o lo que se cambiará, en todo caso, siempre hay ganancias, la consciencia de lo aprendido.

No solo es lo de afuera lo único con importancia que es lo que percibimos con la vista como comúnmente se nos ha enseñado a como valorar las cosas y a las personas sino todo eso que pertenece a lo interno, y no me refiero a los órganos y viseras, sino a lo emocional que no se deja ver con la vista sino con el conocimiento mutuo y es por eso que si le preguntara a cualquier persona sobre qué es una rosa, esa persona contestaría que solo es una rosa, pero una rosa nunca será solo una rosa para quien la cultivó que para quien solo la observó a distancia, pues quien la cultivó sabe de su todo al respecto, sabe los climas buenos y malos por los que ha pasado, sabe qué es lo que le afecta y qué es lo que le embellece y por eso es que sabe exactamente lo que más vale de esa rosa que es lo interno, porque tiene una historia de vida a su lado a base de cuidados, de intercambios visuales, olfativos y también táctiles, pero una rosa para quien solo la ha observado por fuera, solo le representa por una atracción externa, por lo banal, por lo superfluo, lo de afuera, lo que solo pueden ver quienes no importan tanto para esa rosa, y definitivamente solo lo que la rosa le permite ver que es su exterior a quienes no sean tan cercanos, solo lo de afuera y solo lo que alcance a vislumbrarse. Pues el conocimiento de lo interno cuando se junta con lo meramente visual, esto crea decisiones que conscientemente y si es que es el caso les lleven a elegir una recisión de noviazgo, para luego y con esta nueva experiencia repleta de nuevos conocimientos puedan escoger de mejor manera una rosa que esté más a su parecer, porque el sentido externo, nunca será más importante que los internos, porque en base a ellos y la empatía mutua de quienes los compartan, también en su trayecto podrán elegir darse el mundo entero con una sociedad mutua, con un sinfín de universos repletos de lo que a ambos les parezca poseer, como un hogar, una familia, posesiones en común acuerdo, pasiones, sueños, metas afín, y un sinfín de historias que solo quienes pertenezcan a dicha cercanía interna sabrán que lo que más vale es lo de adentro y no más lo de afuera, incluso como los duendes de los cuentos escoceses al final del arcoíris, también encontrarán un tesoro más grande que el que ofrece lo tradicional, con el poder de la felicidad, con el poder de engrandecer a ambas partes, con el poder de darle alas a quien lo posea, con el poder de mejorar todo aspecto en sus vidas, y las personas que se desvíen mejor por el lado del poder adquisitivo, o de lo banal, o de lo visual, y en definitiva de lo externo, esas personas solo encontrarán amor hueco, amor condicionado a cosas materiales, amor condicionado a situaciones difíciles, hostiles, faltas de moral y ética, a la violencia misma, a apartarse de la meta más grande que es la de vivir la vida plenamente haciendo lo que se vino a hacer a este mundo, porque o tu pareja te manipulará, o tú le manipularás a ella o a él, o ambos lo harán, y en el trayecto se darán de todo menos amor, menos felicidad, menos equilibrio, se darán muerte en vida, en otras palabras y al igual que las personas que no escriben o no leen porque no saben y ni se molestan en aprender a cómo hacerlo, estas se darán analfabetismo emocional, y donde por lo general las personas incapaces de amar, son aquellas cuyos rastros conductuales subyacen a una educación con la carencia de vínculos afectivos de todo tipo y este tipo de personas, la gran mayoría de ellas son las que terminan en divorcio por el hecho de que pretenden amar a su pareja de la misma forma incorrecta en que fueron educados de tal manera que sus demostraciones de afecto no solo son incorrectas, sino también son nulas o demasiado escasas, y como alguna vez dijo Juan Gabriel en una de sus canciones, será una relación que no vale la pena pues son muy pocos besos, y eso para nada le conviene a nadie, donde la gran mayoría de esas personas aludirá al término de su relación, que dicha unión se terminó debido a una muy marcada incompatibilidad de caracteres, por violencia familiar, o la más común por infidelidad, cuando lo que realmente sucedió que fue causante de siquiera pensar en el divorcio es que antes de dejarse de amar el uno al otro, estos se dejaron de amar a sí mismos por actuar como lo harían otras personas y no como debieran hacerlo originalmente ellos/as, y también que lo que tanto se esperaba de la otra persona, no se logró materializar nunca, o tal vez sí lo hizo pero no en la forma y conveniencia de esa persona, o tal vez no se han dado cuenta de que el trasfondo causal tal vez proviene desde su infancia por no haber tenido los lazos afectivos necesarios con los que ya de adultos crearían una personalidad más empática, más carismática, más madura y con amor propio, y con la capacidad de amar correctamente a alguien por lo que en el camino de la vida al no tener la educación necesaria, es de lo más normal que tendamos no solo a ser dependientes sino también a repetir patrones conductuales negativos y hasta a introyectar las reacciones de terceras personas en nuestros actos por estar negando nuestra responsabilidad, por estar negando nuestra importancia y nuestro poder de decisión, porque hemos sido educados en una sociedad en la que es bien visto el actuar como todos lo harían en concordancia con lo que la sociedad y religión dictan como bueno y aceptable, por lo causado a otras personas y a nosotros mismos, porque es exacto la mala educación lo que mayormente nos hace ser personas con muchísimas carencias emocionales, porque es exacto lo que nos enseñaron a ser con sus tantos ejemplos lo que terminantemente nos guía a ser cómo realmente somos, porque lo aprendimos de las personas a quien más amamos y admiramos, pero como dice en una de sus conferencias el Psicólogo Salvador Valadez, los malos comportamientos que nosotros tengamos dejan de ser responsabilidad de nuestros educadores y pasan a ser de nuestra total responsabilidad el corregirlos, superarlos o de hasta eliminarlos en el momento en que no solo nos demos cuenta de nuestros errores sino que también tengamos la edad suficiente y la capacidad física para corregirlos, porque hablando a favor de los padres y demás educadores, nadie es culpable de no poder dar lo que ni siquiera se haya tenido, como una buena educación, fe en algo, buenos principios, buenos ejemplos, porque está en nuestro completo poder romper dichos paradigmas para entonces no solo dejar de repetir los malos patrones conductuales que tengamos, sino que también para poder dar una mejor educación a las generaciones siguientes con un mejor ejemplo, de tal manera que cuando tengamos algún problema con nuestra pareja, estemos preparados para no dar por terminadas tan fácilmente nuestras relaciones sentimentales, y menos que por comodidad tendamos a seguir el mal ejemplo

45

que nos impone la sociedad de siempre proyectar nuestra responsabilidad sobre lo sucedido a alguien más y a no aceptar el que la causa más aparente sea la causante de dicho rompimiento, para poder entonces darnos la oportunidad de no solo buscar ayuda profesional sí es que se requiere, pero si nos dejamos influenciar por las presiones sociales, y por las tradiciones paradigmáticas socio-religiosas, esta situación nos creará vacíos emocionales y lo peor de todo es que tarde que temprano el divorcio será inminente. Porque al fin de cuentas el amor no solo se aprende, también se debe de cultivar como cultivarías y cuidarías de una planta, con cuidados diarios y conscientes, sabiendo que la reciprocidad de dicha planta no solo es la de poder admirar una bella flor de su tallo, sino también sobre todo ese conocimiento que deriva del cuidado diario, y que irremediablemente todo eso nos acarrea un sinfín de historias con que poder decir que finalmente sí existe reciprocidad, la de la compañía, la del afecto ganado a diario, e indiscutiblemente la del amor propio, porque solo quien se ama, es quien tiene la capacidad de dar exacto el amor que tiene.

A pesar de ser parte del escarnio que engloba el microscopio social, la definición personal también se contextualiza como parte de un paradigma lineal estándar, en el que sin más ni más, cada persona elige de manera consciente o inconsciente el actuar bajo dicho paradigma, o en su peor caso el tomar una máscara conductual con que pueda entonces embonar en dicha sociedad para poder entonces con su nueva percepción el encajar en uno o más círculos sociales, con los que pueda entonces socializar de manera más equilibrada ante sus iguales como igual que ellos/as, lo que de manera contraria, el escenario sería el de que dicha persona se auto elimine de los procesos sociales de entre sus iguales por no haber logrado el embonamiento social de manera positiva, generando entonces un retraimiento en el que dicha persona opte por anularse de sus ámbitos entre iguales, para situarse en círculos sociales pertenecientes a etapas anteriores, lo que conlleva a dicha persona a pretender socializar con personas de menos edad, que es exacto lo que le sucede a las personas que tienden a socializar con personas con mucha menos madurez emocional y física, o en otro de los casos sería que una falta de identificación con el padre en el caso de las mujeres les lleve a pretender contraer situaciones sentimentales con hombres de mayor edad que ellas, con el fin de sustituir la figura paterna ausente, lo que en el caso de los hombres en la misma situación de falta de identificación con la madre, esta les lleve a pretender contraer situaciones sentimentales con mujeres mayores que ellos, con el fin de sustituir la falta de una figura materna, lo que en ambos casos del hombre y la mujer solo les lleve a querer embonar en un ser que para nada es igual, ni similar ni mucho menos apto para ellos/as, lo que gradualmente les ocasione de sobremanera el establecer una realidad vivencial repleta de negatividad, en la que ambas personas de dicha relación nunca serán esposo y esposa, sino más bien tendrán una relación incestuosa de madre con su hijo, y para que la similitud emocional y vincular entre géneros sea posible, deberá de existir un noviazgo en el que se hayan limado las asperezas necesarias, dado el caso y solamente mediante la honestidad de cada quien, y en medida de ella sea posible la embonabilidad de afectos, y con ella será posible entonces una relación de pareja, pero en el caso de quienes su igualdad de edad y de creencias y de gustos y de metas y de formas de ver y vivir la vida estén bastante alejadas de lo que necesitan cada uno, entonces dicha relación afectiva solo contraerá un mal vivir en dicha pareja, ya que el amor cuando es equitativo, este tiende a traer muchos colores a las personas que escogen compartir su vida en pareja, pero cuando no es similar lo necesario entre personas que se desean compartir, entonces su realidad será la de dos personas que luchan constantemente por imponer su realidad a la contraparte como forma correcta de vivir la vida en pareja, eliminando entonces la gestalt de la pareja y en ese caso creando situaciones de apego, de dependencia, de inconsciencia afectiva, de anclaje emocional, de esclavitud emocional y más que nada de violencia pasiva o activa, por eso es que no cabe duda de que una de las decisiones más importantes que podemos tomar en nuestra vida es la de escoger pareja, porque esto conlleva siempre a emprender un viaje en el

47

que nos preguntamos sobre cómo tendrá que ser, si realmente existe, cuánto duraremos en encontrarla y definitivamente sobre el cómo sabremos si es esa persona o es otra, y es cuando caigo en lo aprendido en base a mi experiencia y en base a ella minimizo las posibilidades, disminuyo la dificultad sobre cómo elegir más correctamente, porque se imaginan si no tuviera ningún conocimiento sobre qué es lo que debo buscar en dicha persona, realmente estaría perdido, algo así como estar buscando una aguja en un pajar en un cuarto obscuro.

En otras palabras, la vida es un viaje en el que necesitarás un mapa, porque todo lo que somos y representamos tiene que ver en constante momento con el todo en su totalidad, el mapa es formado en constante momento, los trayectos que en el mapa se dibujan están formados en base a toda esa educación que tuviste desde la infancia y que sigues teniendo hasta el momento actual, mientras más consciente estés de dicha educación, tendrás entonces la posibilidad más consciente de ver en el mapa y así podrás saber de mejor manera el camino más correcto, y la forma de ver el mapa es mediante la aceptación de lo que somos, de nuestros límites, de nuestras capacidades, de nuestros dones y de todo lo bueno y lo malo que fuimos, somos o en algún momento podremos ser, lo que nos capacita a como mejor poder escoger a quien también nos escoja, para entonces no solo vivir con nuestra pareja de solo alimentar nuestros afectos sexuales o por conveniencia material, sino también por conocimiento mutuo y por aceptación recíproca, ya que la realidad de todo ser humano con capacidad de razonamiento normal, es que para ser completamente feliz en la relación de pareja, estos deben forzosamente alimentar no solo a su parte afectiva de Philia, o de Ágape, también debe de existir esa parte que nos conecta con lo irracional y que nos abre las puertas a experimentar de forma impulsiva como cuando éramos niños, de esa manera en que nada más preocupa que tan solo el saberse vivos y felices, capaces de experimentar lo que sea en el ámbito del amor de pareja sin tener que estar pensando en las consecuencias a cada instante, porque dicho amor de Eros nos conecta con nuestra parte animal, con nuestra parte infantil, con nuestra conexión más fuerte a este mundo de sexo fuerte sin compromiso, de sexo de aventuras, de ficción con ropas de látex o de algún deseo fetichista, que logre adentrar a ese momento de sexo en un jugueteo más allá de lo habitual en que se realicen las fantasías sexuales de ambos sin el funesto melodrama de, "es que eso no es correcto porque mi religión lo prohíbe", la sociedad prohíbe todo, menos el que le alimenten sus necesidades, como el diezmo que te piden cada domingo, porque a grandes rasgos, y sin pelos en la lengua, el amor es un sinfín de momentos en que poder expresar a la máxima capacidad de ser, de dejar ser, de poder actuar, de experimentar nuevas posiciones, nuevos juegos, no solo intercambio de semen, sino de palabras sexis, traviesas, románticas y juguetonas que reaviven con esto no solo el ambiente tradicional de la época del patriarcado en que el hombre simulaba hacerle el amor a su mujer, cuando esta solo tenía derecho a no tener derecho a nada y a ninguna expresión o movimiento, pero ya no es esa época, ahora sabemos que es necesario la exploración de las necesidades y gustos de cada quien, o de lo contrario se estará adentrando en una relación del tipo tradicional en la que la mujer daba amor de ágape y por ende no recibía satisfacción alguna, porque solo recibía lo que el otro quería, su amor de impulso, su amor de Eros, y ella dejando entonces a la deriva a sus dos amores restantes, tan importantes como el que sí podía dar, a ese Eros que tanto le hace falta a las mujeres, en el que defiendan su necesidad de expresión impulsiva, erótica, o a Philia en el que no solo saben exactamente por qué aman a dicha persona sino que también puedan escogerla a placer, porque es justo el intercambio de amor sexuado entre dos personas que así lo elijan sin que nadie más pretenda elegir por ellas o ellos, porque sin amor completo, consciente y justo, el amor así no es amor, es otra cosa parecida a una relación de amigos con derechos en la que el marido como la esposa solo tendrán sexo y nunca podrán hacer el amor a su máxima expresión, porque el amor entre dos personas solo se puede dar de manera correcta cuando estas dos están dispuestas conscientemente a darse y compartirse de manera impulsiva, de aceptación e incondicional apoyo, y aun cuando exista mucho escepticismo sobre lo que es el amor real, me atrevo a decir que esa magia de la que todo el mundo habla sobre el amor a primera vista, me sucedió a mí, y fue lo que me enseñó que el amor es universal, no distingue de razas, ni de posición social, el amor es una de las decisiones que causan las sensaciones y vivencias más bellas y placenteras de nuestra vida, y que cuando nos enamoramos es de esperarse y de lo más normal que se nos agudizan los sentidos en presencia del ser amado, lo que nos ocasiona el ver a nuestra pareja de una manera algo idealizada, al menos de manera normal en la primer etapa en la que el cuerpo y la mente apenas se están amoldando a la otra persona, y en este transcurso, la percepción también se acomoda, también sucede que late más fuerte nuestro corazón, nos volvemos un poco obsesivos con el pensar del ser amado, nos sudan las manos, nos falta el sueño y nos sobran los motivos para visitar y permitir el ser visitados por nuestra pareja, definitivamente una relación de pareja empieza por miradas que se encuentran y se agradan por algo en específico a la distancia, similar a la persona que a distancia ve la semilla de la planta que desea sembrar, lo que le permita con el tiempo establecer un intercambio no solo de miradas sino de afectos que solo se pueden dar con el conocimiento que da el intercambio de no solo con la vista sino de toda esa cercanía constante escogida mutuamente, que a su vez nos permita darnos a conocer ante la otra persona como lo que somos, como lo que en un futuro deseamos ser y no como lo que pretendemos ser ante la sociedad que solo observa nuestro yo exterior, lo que sin duda ya estando en la mínima cercanía nos podrá llevar a poder dar y recibir un saludo con el cual sobresale alguna que otra caricia entre manos y abrazos, con la aceptación mutua, esto conlleva a los besos, al humor, a las risas, a las sonrisas, y sobre todo a pensar en cosas buenas del otro/a y decírselas, todo esto genera memorias sobre dichas emociones, con las cuales reforzamos la unión, pero desgraciadamente hoy en día para algunas o la mayoría de las personas el amar se centra en besar todo el tiempo sin hacer otra cosa más que eso, en poder sostener una relación sexual lo suficiente como para satisfacer a la pareja y a sí mismo, saber dar caricias y sobre todo decir, te amo, pero amar no solo consta de amar como nos lo enseñaron con el cuento de **Romeo y Julieta**, un amor saludable y real es aquel que antes de pretender disfrutarse en palabras o el goce de la libido, este debe sustentar dichas palabras en actos que comprueben su validez, pues pretender vivir de amor platónico es creer que no solo se llenarán los corazones con dichas demostraciones afectivas sino que también se llenarán los estómagos de los amantes, pero eso es una falacia idílica que habita solo en los cuentos de hadas, en la vida real un amor construido a base de realidades, necesita por principio de cuentas no depender, ni afectivamente, ni económicamente, en pocas palabras se reconoce porque no anda buscando protección, no es aquel que se manipule al gusto, realmente no busca ser más que su pareja y definitivamente se refleja en esas personas que no le temen a la soledad, necesita autonomía, un espacio propio mas no absoluto y con esto para no llegar a las ocasiones en que deseemos o necesitemos tanto algo que hasta seamos capaces de aceptar incluso los malos tratos de alguien con tal de conseguir lo que tanto nos hace falta, y no importando que sea mediante actos de violencia o indiferencia en nuestra contra, porque desgraciadamente tendemos a acumular nuestras necesidades de afecto por razones insignificantes, lo que nos lleva a en un momento de desesperación a entregarle nuestra necesidad de amor disfrazada de amor real a la primer persona que nos devuelva una sonrisa o un saludo, o porque nos acepte una salida a pasear o simplemente a platicar, y esa supuesta aceptación de nuestro afecto nos lleva por el camino de un amor impulsivo que para nada es un amor pensado y que más bien se asemeja a un rapto, escogido inconscientemente por uno mismo, y aun cuando dicho amor no sea exactamente igual en correspondencia ni mucho menos perfecto, porque el amor del bueno es el camino que nos conduce desde el amor propio a compartir, no a esclavizar, ni a querer controlar a nadie, y nos lleva al lugar de nuestro elemento, y nos hace volar, nos hace reír, nos hace mejores en todo aspecto, nos motiva a todo instante, y motiva a quien esté a nuestro lado a ser la mejor versión de sí, también tiene que ser recíproco, natural, honesto, libre de ser en todo aspecto físico y emocional, tiene que tener gustos e ideales muy similares con respecto a la pareja, nunca esclaviza, en ocasiones hace algún tipo de daño, pero nunca ese mismo daño es causado dos o más veces, ya que siempre la primera vez para algo, se puede decir que ese algo es un accidente, mas sin embargo una segunda y tercera y cuarta y etc. De veces que se repita el mismo accidente, ya no se le puede llamar accidente pues incluso ya existe un antecedente de dicho suceso, el cual con el tiempo puede generar un condicionamiento centrado en el autocastigo, escogido tal vez felizmente por quien o quienes lo sufren, y hay algo muy verdadero en este tipo de situación, y es que para nada te ama quién te daña de esa manera, ¿quién entonces es ese tipo de persona que hace daño a quien supuestamente profesa amar?, y más aún ¿qué tipo de persona es aquella o aquel que pretende amar a alguien que le hace daño?, o peor aún, ¿quién es esa persona que sin amarse a sí mismo pretende amar a alguien más?, y lo más importante es saber que de las personas solo nos enamoramos de aquello que nos muestran, de aquello que nos permiten conocer de sí mismas, por tanto es bueno saber que si lo que buscamos en esa persona no es, recíproco, coherente y no equilibra lo interno con lo externo, lo que quiere con lo que necesita en comparación con lo que ofrecemos, entonces para nada será una relación de amor, más bien será una relación destructiva, porque el amor solo se gesta en un ambiente de conocimiento mutuo, que es exactamente lo que nos permite elegir a la persona a quién amaremos, porque de lo contrario estaremos pretendiendo amar con los ojos cerrados, y con los oídos tapados, y con las manos atadas, y sin poder de decisión, lo que realmente nos hará sentir como estar secuestrados por uno mismo y apoyados en dicho secuestro por la pareja, la cual está en el mismo estado físico y mental, y todo esto me hace pensar que pareja es la definición de dos personas, es una metamorfosis de dos cuerpos que gradualmente se parecen más entre ellos, la palabra pareja nos indica un numero par, nunca un uno, por lo tanto es bueno hacer notar que en cada discusión, le compete a los dos el restablecer la armonía, aprendiendo a como lavar la ropa sucia en casa, y me refiero a no discutir los asuntos de pareja o personales enfrente de alguien más, o peor aún en público porque de otra manera la historia de vida de dicha relación de pareja estará repleta de esos momentos en que felizmente escogeremos sufrir, porque en ese caso sentiremos que será necesario a toda costa conseguir ese amor no importando si fuera a base de malos tratos, como yo que a la edad de 7 años no sabía lo qué era tener paz interior ni el apoyo de mis padres, pues ellos preferían estar de pleito constante, no tenían tiempo para mis hermanas ni para mí, en ocasiones muy repetidas solíamos ir a la casa de mis abuelos, pensando que nos darían un trato mejor, creía que ellos se pondrían en nuestro lugar y nos darían alimento, pensaba también que me darían amor, el amor que mis padres no me daban, la aceptación y el apoyo que tampoco recibía en casa, la cuestión es así como lo dijo alguna vez **Liz Murray**, que "nuestros padres siempre serán nuestros dioses", nuestro mejor ejemplo a seguir, por amor, aun de una manera inconsciente, aun cuando supuestamente y conscientemente no lo aceptemos pero así es y así será, que entonces por amor sigamos su ejemplo aun cuando ellos no hayan atendido nuestras necesidades, incluso en varias ocasiones una de mis tías a pesar de su esquizofrenia me preguntaba que sí porque tenía la mirada tan cabizbaja, siempre le contestaba que era algo que tenía en mis ojos, no sabía cómo decirle que mi vida me entristecía, no sabía cómo no aparentar lo contrario a lo que sentía, pues mi casa no era un lugar del que pudiera hablar bien, pues no había de qué sentirme orgulloso o feliz, gracias a eso es que me viene a la mente sobre lo que es una familia nuclear, y creo que es un lugar donde estas con las personas que te dieron vida y que gradualmente te dan educación, definitivamente no te pueden dar más de lo que ni a ellos les dieron sus padres, y no solo con alimentación para el cuerpo sino también para el alma, con todo eso que nutre el equilibrio emocional, como demostraciones de amor y apoyo cuando se requiera, un simple te quiero o cuando la necesidad sea económica pero aun sin tener los medios de resolución de dicha necesidad, bastaría con una explicación impregnada de afecto, no el clásico "ve y dile a tu padre", y él dice "ve y dile a tu madre", la realidad es que hoy en día hago un recuento de lo sucedido en mi vida pasada y veo que está en mí romper el paradigma de mi infancia fallida y cambiarlo por uno nuevo y mejorado en el que con todo y el sufrimiento por el que pase, escojo ser más fuerte y salir adelante sin excusas, porque sé que no existe ser vivo bajo el sol o la luna que este desprovisto de la ayuda de Dios, y es en esa fuerza que me apoyo, que me da la capacidad de salir adelante y hacer de lo vivido mi motivación para ser mejor, con el paso del tiempo y de tantas vivencias he logrado entender que definitivamente somos el reflejo en el espejo de quienes nos educaron, pero también tenemos la capacidad de cambiar nuestras estrellas por unas mejores, con mucho esfuerzo, dedicación y sobre todo con disciplina porque nuestro es el poder de decidir todo en nuestras vidas, y recuerdo que a mi abuelo le tocó ser 15 años mayor que mi abuela, me alegra que ambos se hayan unido en sagrado matrimonio, gracias a ese acontecimiento es que hoy en día existo y si no quién sabe, a lo mejor sería un ser viviente distinto o lo peor es que a la mejor ni siquiera existiría, o a la mejor hablaría chino.

Los hombres de estos tiempos tratan de despertar su lado femenino con el fin de identificarse y así con esto poder comprender y dar mejor apoyo a su pareja, mientras de que las mujeres tratan de despertar su lado masculino, pero cuando nos negamos a nosotros mismos el ser como nuestro yo real, es porque negamos la realidad de todo eso que nos afecta, y paso seguido damos vida a las profecías negativas dichas por otras personas y por nosotros mismos, y el actuar como otra persona, es exacto lo que nos impide ser la mejor versión de nosotros mismos, y como consecuencia, inconscientemente la frustración y el enojo y la ira causadas por la falta de ser de nuestro yo real, tiende a problematizar cualquier tipo de relación, con cualquier persona, y la peor de las problemáticas causadas es con nosotros mismos, a tal grado de llegar a enfermar de alguna afección de tipo física o mental, a mi parecer está más que claro lo que está ocasionando los conflictos de estos tiempos, me refiero a que el hecho de despertar el lado contrario al género propio, es sin duda un aspecto que despierta la necesidad inconsciente de usar el hemisferio contrario al predominante, lo que indudablemente despierta un cambio de papeles, representando en esta situación lo que se deja ver en la mayoría de los hogares y es que ahora no solo manda el hombre sino que empieza a ganarle el terreno el género femenino, claro está que es la consecuencia de no estar en sintonía, debido de la falta de comunicación asertiva, y podrían aludir a esto algunas personas que es un argumento machista, pero siendo sincero si no me atrevo a pensar fuera de la caja social, o dicho de otra manera saliéndome de las expectativas que la sociedad tiene de una relación de pareja perfecta, no podría decir entonces que mi forma de ver las cosas difieren en que uno u otro deba tener el absoluto control del hogar, en mi opinión la armonía se debe generar entre dichas personas desde el ángulo de su pertenencia hacia un ángulo donde ambos converjan en armonía sin tener que dejar de ser quienes son y con esto sin tener que usar una máscara social, porque cuando reprimimos las cualidades de nuestra personalidad real, es cuando tendemos a vivir en la negación de todo lo que somos y gradualmente dañamos nuestro ego, y gradualmente nuestra salud física, lo cual indica que de esta manera tanto el hombre como la mujer tengan el control de su hogar por tener un vínculo de mutuo acuerdo consciente desde la aceptación de sí mismos tan llenos de cualidades y defectos, tan humanos, tan frágiles, pero también tan fuertes, tan gloriosos, porque cuando estamos en nuestro elemento por no imitar ni querer ser lo que no somos, es cuando podemos tener más equilibrio y por ende nuestras conductas son más positivas, de igual manera esta forma conductual de ser nos acarrea a estar mejor desde nuestro interior, y definitivamente nos brinda de mejores posibilidades de una sociabilización afectiva con nuestra pareja y demás entorno, y volviendo a mis apuntes de la escuela me doy cuenta de algo que si no vuelvo a releer en mis antiguos escritos, esos que dejé en el tintero, no podría haber llegado a la siguiente conclusión de que cuando al alistarnos mi pareja y yo para ir a pasear a algún lado, tanto ella como yo solemos tardarnos demasiado tiempo en escoger que nos pondremos o tardamos demasiado en nuestro aseo personal, inconscientemente con estas decisiones hacemos más importante el aseo y la ropa que nos pondremos, que el destino de dichas decisiones, que sería el salir a divertirnos y que indudablemente al llegar a cualquier antro y debido del humo del cigarro o de los efectos especiales, esos que casualmente ponen para hacer ambiente, definitivamente todo eso más el alto volumen de la música ni cuenta nos daremos aun cuando quisiéramos del perfume que llevamos puesto, porque en todo caso, la salida a divertirnos ya pasa a segundo término, lo que inconscientemente nos sitúa en un ángulo desde el cual no logramos la diversión acorde a nuestro esfuerzo por la obsesiva preparación, queda claro entonces que la vida en pareja debe tener por principio de cuentas una manera conductual más fluida, más natural y no tan forzada u obsesiva, sin tantas pretensiones ni innecesarias percepciones de lo que ella o el deseen o quieran, pues en todo caso es más sencillo en vez de pretender lo que él o ella les guste, mejor es preguntar de viva vos y con esto no solo se ahorra tiempo y esfuerzos innecesarios sino que se evita malos entendidos y desacuerdos inútiles, por que definitivamente el aprender a como mejor comunicarnos no solo nos permite compartir todo eso que deseamos decir con palabras, sino que también nos permite ese acercamiento corporal y a la distancia de poder expresarnos con nuestros cuerpos, porque la atracción que es lo que logra el primer acercamiento entre dos personas que se gustan, se genera con el uso de todos los sentidos, lo que generará en automático la receta para una relación de pareja exitosa y que indudablemente nos lleva a enriquecer la relación desde un ángulo más natural, por darle no solo a nuestra percepción visual algo con que trabajar sino también a nuestra percepción auditiva, táctil y olfativa de sumar realidades concretas y no ilusorias, porque la comunicación que fortalece a las parejas exitosas no solo se basa en el bla bla bla y más bla bla bla, sino que también se aprende con el paso del tiempo a descifrar mensajes provenientes del lenguaje corporal, y si hacemos esto último es entonces cuando aprendemos realmente a amar, y de esta forma podemos amarnos más allá de las apariencias materiales o visuales, en ese momento aprendemos a apreciar lo que los demás sentidos nos dictan, como el sentir de lo interno de lo que realmente valoriza a lo externo como lo que realmente es, con todo ese conocimiento de la otra persona es entonces que no solo nos basamos en lo perceptivo visual, sino que ahora en dicho conocimiento basamos lo que define nuestra forma de amar por un porqué más preciso, y más honesto es ese algo que nos enseña a la persona real que tenemos enfrente, es lo que es y no solo lo que aparenta o dice ser, es todo ese conocimiento que de ella o él se tiene lo que realmente nos faculta para hacer de un amor tradicional basado en lo visual y banal, en algo constructivo, en algo más real, más romántico, más maduro y sobre todo más honesto.

Parte tres.

Nuestro error más grande es que honramos más a las palabras que a los actos y por eso tendemos a repetir relaciones tóxicas, una tras otra, por eso es que solo ama quien sabe escuchar y comunicarse correctamente.

Es de suma importancia implementar mejores formas sobre cómo nos comunicamos con nuestra pareja, porque la comunicación es muy importantes a la hora de querer conseguir un resultado específico, ya que no es lo mismo querer comunicarle a la pareja el deseo de tener sexo haciéndole ver que es una necesidad de acercamiento físico y afectivo a si en vez de eso le decimos que queremos sexo porque es su obligación de pareja el dárnoslo, y mucho menos si con el primer ejemplo le mostramos respeto y cariño con una forma delicada en nuestras palabras y expresiones no verbales, a si en el segundo ejemplo aparte de decirle que es su obligación también le agregamos a dicha orden el que nuestro cuerpo se exprese de manera violenta, decir esto me trae recuerdos de una señora que me comentaba una vez sobre que ella no entendía que porque si su marido estaba muy bien dotado y también era todo un gigolo a la hora de tener relaciones sexuales, ¿porque ella no obtenía entonces satisfacción?, y mi respuesta fue que no solo la parte física debe tener una conexión con el físico de la otra persona para tener la satisfacción necesaria, y ya que estamos conformados de cuerpo y mente, entonces le dije que también la parte emocional debe hacer conexión con la parte emocional de la otra persona, lo cual se puede generar con un jugueteo post-coito, el cual se establece con caricias, palabras sexis, con palabras que hagan sentir en confianza y completa seguridad a la pareja, con palabras y actos que hagan sentir un agrado honesto por su cuerpo, con palabras que den a entender el que agrada su olor y definitivamente con actos que den a entender que es especial el que sean pareja, porque este jugueteo establece en la parte emocional que dicha pareja si le ama y entonces no será solo sexo animal el que tendrán sino que también con este jugueteo se establece en el cuerpo de cada quien el tiempo necesario para que las zonas erógenas se erecten o se lubriquen y tomen la forma adecuada, lo que entonces sí generará una relación sexual con mucha más satisfacción que las que solo empiezan sin avisar, porque en definitiva las personas no son como robots que estén programadas a que con un botón se encienda la libido a toda la potencia que puede dar, y es por esto que las personas que no juguetean antes del acto sexual por más buena que sea nuestra pareja en el sexo, en este caso solo el cuerpo obtendrá dicho placer porque el que nuestra parte emocional no sea expresada conlleva a que toda presión reprimida la cual solo puede ser expresada mediante las emociones, sea entonces vuelta a reprimir y por consiguiente a que no obtenga satisfacción alguna por una obvia represión, eso generará insatisfacción lo cual se transformará en malestar físico y emocional, o como a algunas personas les ocurre que les da hambre o ganas de fumar o beber alcohol, lo que sea con tal de calmar las ansias generadas por la insatisfacción sexual y todo por no haber satisfecho la parte emocional, y las formas en que nos comunicamos con nuestra pareja no solo sirven para la satisfacción de la parte sexual, sino también para todo aspecto de la vida diaria, he incluso si este aspecto de la insatisfacción sexual le está mermando la vida entera, puede optar por preguntarle a su pareja sobre si él o ella también sienten de misma manera dicha insatisfacción, piérdale el miedo a ser sincera o sincero, dese cuenta de que más vale una verdad dolorosa que una o miles de mentiras que refuercen a cada ocasión dicha insatisfacción, y será entonces el momento de preguntarle sobre qué es lo que le gusta o gustaría que le hicieran, o hasta qué le gustaría que le dejaran de hacer, porque el amor es como la satisfacción sexual, es algo que se aprende en pareja gracias a la comunicación que se tenga, y mientras esta sea más honesta y fluida, el o los resultados serán cada vez mejores, por tanto es de esperarse el que la felicidad en la pareja sea mayor que en las relaciones que no hay una correcta comunicación, podrá entonces preguntarle aun cuando dichas preguntas generen situaciones dolorosas y vergonzosas el que es lo que le gustaría que le hicieran, o sobre si está haciendo bien o mal su labor, incluso podrá preguntarle sobre si tiene alguna fantasía que desee realizar, siempre y cuando sea factible de realizar.

La verdad es que por más que quiéranos negarlo, la comunicación de pareja consta no solo de saber besar, abrazar, dar caricias y tener sexo, la comunicación de pareja se valida de una mejor forma de todo tipo de comunicación, y esto incluye aprender a interpretar gestos, posturas y verbalizaciones, porque cuando se trata de entender a la pareja, muchas veces habrá que interpretar lo que no se está diciendo con la boca pero sí lo que expresen las demás partes del cuerpo, porque si nos basamos solo en las palabras, entonces estaremos dejando a la deriva un sinfín de aspectos que realmente son los que sí desean expresar las personas y en este caso el no saber dichas cosas podrá crear situaciones de mucho estrés, por esto es que hay que saber que en ocasiones las palabras solo serán una pobre imitación de lo que solo pueden expresar las expresiones corporales, por eso es que la importancia de una buena comunicación nos invita a una mejor interpretación no solo de lo verbal sino de todo ese sentir del cuerpo que nos indica el estado real de una persona y de hasta si nos dicen la verdad o nos mienten, y en ese caso las palabras, el tono de voz y el lenguaje corporal estarán en equilibrio de lo contrario no lo estarán, y la regla número uno para dejar de tener una mala comunicación es conocerse a sí mismos, de tal manera que sepamos cómo es que reaccionamos a las diferentes situaciones que normalmente nos pasan a diario, segundo, que dejemos de dar explicaciones por nuestras conductas negativas y que mejor las cambiemos por unas más correctas, tercero que en definitiva aprendamos a establecer vínculos comunicacionales con nuestra pareja de manera en que aprendamos en base a la experiencia que cuando ella o él cruza los brazos es por algo en específico , como una señal de negación o si está haciendo frío pues de que tiene frío, o simplemente una barrera que pone para marcar su lugar de atención desde un lugar en que ella o él no está de acuerdo con algo, otro de los aspectos muy muy importantes a la hora de comunicarse con otra persona es que definitivamente el aspecto, el cómo me veo, si la ropa que traigo está rota, con mal olor o desgastada, solo indica que en definitiva no me tomo como muy importante mi apariencia y eso indica que se tiene algo de baja autoestima, lo que a la hora de estar en comunicación con nuestra pareja esto le da el mensaje de que si no me importo yo mismo, entonces menos me importa ella y mucho menos si huelo mal, habrá entonces que procurar el aspecto de la ropa, y respecto al olor propio y, que oler y vestirse bien no sea solo excusa para salir a pasear, sino un motivante de a diario que muestre un yo mejor, que se note esa alegría por vivir de manera más limpia y mejor vestida, ser conscientes de los movimientos, gestos y tonos de voz que usamos al momento de comunicarnos crea un sentir de mucho estrés, pero es porque eso nos sitúa por fuera de nuestro círculo de confort, y es exacto que al estar fuera del círculo es que solo así podamos cambiar los malos comportamientos por unos adecuados al momento, es difícil pero es lo necesario, y no puedo hacer de la vista gorda con el aspecto de que muchas personas creen que con poner una enorme sonrisa en la cara cuando algo de lo que les hace o comenta su pareja realmente les debería de tener molestos o tristes, es un aspecto súper importante el hecho de saber expresar las emociones, porque no podemos andar por la vida fingiendo sonrisas y estados de ánimo contrarios a los que sí tenemos en verdad, ya que es de lo más normal sentirse mal si así lo requiere la situación, porque la emoción es el resultado de haber interactuado con uno o varios motivantes específicos, y visto desde un ángulo más entendible es similar a cuando comes algo, y ese algo que comiste es de lo más normal que genere un desperdicio, como lo son las heces fecales, o el sudor, o el olor a la comida que acabas de ingerir, por tanto el reprimir dichas necesidad natural de las emociones es similar a querer que con poner una sonrisa también dejaremos de ir al baño, entonces el comunicarle a nuestra pareja cuando algo no está bien es de lo más normal y se supone que debe ser un hábito entre parejas que realmente se aman ya que de lo contrario esa represión con el tiempo generará un malestar no solo de tipo físico sin también emocional, con lo que indudablemente tendrán pretextos de sobra para discutir por cosas que no son tan importantes, por esto y más es que es muy importante el tomarse en serio las formas en que nos comunicamos con nuestra pareja, porque el no saber comunicarnos correctamente en ocasiones nos situará en pláticas sin sentido donde hablemos y hablemos pero sin decir nada.

El ser humano tiene más de una manera de comunicarse con las demás personas, y este a su vez, inconscientemente tiende a elegir a todas esas personas con las que mejor se entiende como amistades y en el caso de la pareja, a ella o a él, le escoge de manera en que sus vínculos incluyan un mejor entendimiento de las diferente formas de comunicación propias, las cuales en su mayoría son inconscientes, y aun cuando estos no sepan supuestamente más que hablar su idioma natal que pudiera ser el español, o el inglés, o portugués, chino, o mandarín etc. Aun así es de gran importancia el saber acerca de esas diferentes formas de comunicarse, las cuales usan a la perfección de manera inconsciente, y es de gran importancia el que sean lo más rápidamente concientizadas, puesto que la mayoría de las discusiones entre personas, se generan por una falta de comunicación o por una comunicación ineficaz, la cual está basada en no saber comunicarse correctamente, lo que forzosamente y en la mayoría de los casos nos lleva a enamorarnos de la voluptuosidad de los cuerpos, de su físico simétrico, de su apariencia exterior, y por eso es que alabamos y ponemos en un pedestal demasiado alto a la belleza física visible y a las personas con alto poder de adquisición, pero todo buen amor está construido a base de material interno, de pláticas y convivencia que gradualmente dan el conocimiento mutuo, y ese conocimiento da o quita veracidad sobre lo exterior, en ocasiones es más la belleza interna, en ocasiones es más la belleza externa, pero los mejores amores, los que duran hasta el final, hasta que tengan que durar, definitivamente son todos esos que se cimientan más en el ser real de una persona y no en sus apariencias externas, por esto es muy importante que no permitas que tu belleza externa eclipse a tu belleza interna, y desgraciadamente existe la creencia de que las únicas formas de comunicación entre las personas, es la de tipo verbal, pero es verdad que existen más formas de comunicación, las cuales se apoyan de los sentidos, como el lenguaje corporal, el visual, el olfativo y el gestual, y quienes usan este tipo de comunicación de manera consciente, adquieren el poder de comunicarse más allá de las maneras tradicionales, lo que hace necesario decir que tenemos que aprender a como mejor dar un abrazo, o una palabra de aliento, una caricia con verdadero tacto, o lo que es más importante el dejar de comportarnos a la manera antigua en la que todo se basaba en lo superfluo, en lo externo, por eso es que lo que intento demostrar con esto es que las mejores relaciones de parejas se sustentan del saber de estas diferentes maneras de comunicación, y quienes de alguna manera las han concientizado, llegan a ser personas que tienden a hablar menos de lo que actúan, lo que irremediablemente les haga ser personas que refuercen más su amor en abrazos, besos, caricias, sonrisas mutuas, jugueteos previos al coito o sin él, razonan ante la mayoría de sus discusiones, no tienen miedo de decirse las cosas en su momento, y eso definitivamente les evita el estar reprimiendo cosas innecesarias, lo que en gran medida les ahorra discusiones sin sentido y a su vez les ocasiona un estado emocional más equilibrado, más amoroso, más lleno de sexo con amor, con deseo, con la duración necesaria y el goce correcto para ambos, pero no solo es la comunicación que se da entre personas lo que genera buenas relaciones interpersonales, también es importante el trato que cada quien se da a sí mismo/a, este trato se refleja en el exterior en la manera en que cada quien trata a las demás personas, porque hasta en la biblia lo dice, de la abundancia del corazón habla la boca y en términos psicológicos es referente a la conducta de un sujeto consigomismo y por consiguiente con su prójimo, y es aquí donde se genera el vínculo creador de un equilibrio personal, y se genera dicho equilibrio por saber elegir de entre lo que se quiere de entre lo que se necesita, donde para darnos cuenta del valor real de cada opción es menester explicar que lo que queremos es un simple capricho parecido a la sensación de poseer un objeto cualquiera que realmente no causaría ningún daño la falta del mismo o como el dulce que desea un niño por el placer de disfrutar no solo del sabor dulce del mismo sino de la reacción inconsciente de energía y euforia plástica que causa su ingesta, mientras de que lo que necesitamos es todo eso que por principio de cuentas nos mantiene con vida, como respirar, alimentarnos, descanso, recreo, socializar, independencia económica, independencia afectiva y por supuesto tener una buena salud, lo que me lleva a elegir de entre lo bueno lo mejor que indudablemente es primero que nada lo que necesito, no dejando de lado lo que quiero, al convertirlo en el premio a cada que resuelva obtener satisfactoriamente lo que necesito, porque esperanzarse a las tradiciones de la clásica pareja tradicional es como tomar el ejemplo a seguir del clásico, "y vivieron felices para siempre" de los cuenta cuentos en los que se esperanzaba a las parejas a vivir de común acuerdo juntos y para siempre y como siempre dicen en el altar, "hasta que la muerte los separe", pretendiendo con esto, exactamente lo que dice cada frase, que no importando problema alguno, estos deberían de seguir luchando por su supuesto amor, que bajo tanta miseria y violencia que pudiera suscitarse, no fuera impedimento para proseguir con la relación como en el primer día en que se conocieron, por lo que esto me genera pensar que ese tipo de personas no dejan más a la imaginación que solo fueron felices y nada más que otra sensación tuvieron, me imagino a esas personas como dos zombis con una sonrisa parecida a la que proyectan los efectos de las drogas, como seres que deambulan de allá para acá con una parsimonia casi inimaginable, algo así como, todo es perfecto, todo es hermoso y bello, hasta lo malo es genial, por ende es de gran importancia tener este tipo de conocimientos para no repetir patrones conductuales de nuestra educación nuclear, y con este fin poder sustentar un equilibrio personal que nos permita optar por un auxilio personal de las interrogantes que la vida nos ponga y así no tendremos que paradigmáticamente buscar las respuestas a nuestros problemas en una dependencia a nuestra pareja por que creamos que nos resolverá nuestros faltantes emocionales o económicos o del tipo que sea, para mejor buscarle respuesta en lo personal a lo que se generó en nuestra persona, lo que indudablemente hace mejor de nosotros y no esperanzándonos con la creencia dependiente a que las cosas se arreglarán por la otra persona, pues de esta manera nos damos valor a nosotros mismos como capaces de resolver cualquier cosa sin tener que sobre depender de esa persona que solo es nuestra pareja y no nuestro objeto de donde obtener sobreprotección porque es desde un ángulo de lo singular como se vive mejor en lo plural y para esto hago las siguientes preguntas.

¿Es verdadero el amor incondicional?

El amor verdadero definitivamente sí es real y posible de alcanzar, simplemente que lo que no es real, es la definición social de los fanáticos religiosos que hablan acerca de un amor de pareja como algo que nunca deba ser disuelto, debido al contrato mesiánico que se adquiere dependiendo de la denominación religiosa de cada quien, porque si nos ponemos a pensar un poquito, nos daremos cuenta de que el amor es eso que nos permite ser quien realmente somos, y se da solo en las personas que se aprenden a conocer y que mutuamente así como recíprocamente se comparten y se escuchan y se entienden, y se apoyan, y se corrigen no en cualquier lugar sino en el adecuado, algo así como que aprenden a lavar en pareja la ropa sucia en casa propia, no en la ajena, y gradualmente aprenden a divertirse con lo propio, con lo de la pareja, en lo personal, con las amistades de ambos y todo esto estando en pareja o por su propia cuenta, pero dicho amor en ocasiones tiene una caducidad más corta que en comparación con la caducidad mortal del amor idílico que profesan los fanáticos, porque, ¿qué espera el que ama?, amar solamente, nada a cambio de su amor, violencia en su contra o simplemente espera lo que es justo, (que le amen, que le traten bien, que no le violenten, y que el día en que dicho amor se acabe tengan la suficiente capacidad de llegar a un acuerdo de separación), porque hasta en un acto de divorcio se puede demostrar que se amó alguna vez, por tanto entonces será bueno aceptar que eso de incondicional, en palabras más entendibles significa sin condición alguna, algo así como que si pretendo que alguien me ame bajo dicho paradigma enfermizo y mortal, entonces no tendré a alguien a quien amar y que me ame justamente, más bien tendré a mi esclava personal a la cual visitar con mis necesidades y caprichos en el momento y situación que yo quiera, y como dice el dicho sin condición alguna, (con amor incondicional), algo así como tu aquí no opinas, tú te callas, o mejor dicho yo digo salta y tú solo puedes decir que tan alto salto "mi amor", ahora sí que la persona que desee vivir su vida en pareja bajo este paradigma del amor incondicional, tendrá que ponerse la soga al cuello por gusto propio y darse el tiro de gracia por amor al amor que no es amor ni sabe amar, dando entonces vida a la profecía idílica del clásico, "hasta que la muerte nos separe", lo que desgraciadamente así será para quienes pretendan seguir viviendo bajo las reglas que ni a nuestros padres les han servido.

¿Qué es lo justo en el amor de pareja?

La retribución incondicional de la que hablan los abuelos, si nos ponemos a pensar un poco habla de una forma de amar sin razón, sin amor real, habla incluso aun entre líneas de un amor violento y esclavista que no piensa ni razona, ya que para que dicha creencia fuera posible, tendría que estar por encima de los derechos humanos, algo así como una ley a favor del maltrato doméstico por ser en nombre del amor, pero incluso ese amor incondicional nos lo dicen en el altar de bodas con otras palabras que al fin significan lo mismo, algo así como, "hasta que la muerte los separe", como si el amor lo justificara todo, incluso actos de violencia en contra de quien solo pretende amar, pero en realidad es una tradición enfermiza y hasta mortal que se tiene que exterminar a la brevedad posible, o de lo contrario las estadísticas de violencia domestica irán cada día en aumento, y no cabe duda de que si queremos formar parejas felices, sanas, cordiales y justas, lo principal es conocer lo que requiere saberse para formarse positivamente en una relación de pareja, una intimidad consciente y justa que no conste solo de sexo los días de pago, sino también de tener la confianza para comunicar cualquier cosa, el compartir una pasión que los lleve a explorar no solo los gustos propios sino los gustos por la vida de ambos y definitivamente el sostener un compromiso mutuo y consciente que los lleve a formalizar una relación con realidades y no solo promesas, para que en dicho conocimiento se cimiente la relación. Porque en todo caso cualquier tipo de supuesto amor donde hay violencia de cualquier tipo, no es amor, es dependencia patológica, y eso sí que conlleva una vida entera de sufrimientos escogidos felizmente por quien los sufre, y eso sí que tendría el poder para darle vida a la profecía de "hasta que la muerte los separe".

¿Qué hacer ante un amor toxico?

Cada día en todo el mundo muchas mujeres y muchos hombres son violentadas/os, con el paso del tiempo ellas y ellos tal vez se preguntan, ¿Qué estaba pensando por haber permitido tal maltrato hacía mí?, la respuesta es fácil, no estaban pensando, solo eran impulsivas/os, porque cuando el razonamiento está actuando de manera normal, el ego actúa en pro del bienestar continuo, a tal grado de facilitar cualquier decisión por más dolorosa que esta sea de incrementar la calidad de nuestra salud física y emocional, y cuando el impulso es quien manda, los comportamientos autodestructivos son quienes gobiernan la conducta propia y motivan la de los demás que nos rodeen, porque aquella persona con la necesidad del autocastigo, siempre buscará relacionarse de la compañía de aquellas personas que necesitan ser violentas, y entre ambas partes ya estando juntos le darán gusto a su parte sádica y a su parte masoquista, al menos hasta que les deje de convenir, porque para no ser hipócrita, a quien le dan pan que llore, por eso es necesario sobre todas las cosas el aprender a darse cuenta de que existen mejores formas de canalizar la ira, la depresión, la mala educación que tal vez les lleve a repetir patrones conductuales aprendidos por quienes les educaron, y que definitivamente dicha consciencia sobre lo que sí realmente les conviene, les lleve a terminar con una relación que solo lastima, porque la violencia no solo está en manos del hombre el eliminarla, o el detenerla, o el que no exista, ambas partes siempre son motivadoras de su existencia y de su extinción, porque dejar de amar a quien no te ama y más aún te violenta, no es ser mala persona, al contrario es ser inteligente y la inteligencia sí que conlleva actos de amor propios, lo que se puede traducir en amor por el prójimo, y definitivamente no importa cuánto te repitan que te aman, o cuanto ames a tu pareja, sino cuánto de ese amor no solo es real y bien correspondido y sobre todo cuánto te lo demuestren, es aquí cuando te das cuenta de que "el amor por sobre todas las cosas", no es amor, más bien es un autocastigo elegido por quien lo sufre, porque amar es demostrar con actos, amar es un trabajo de lo singular a lo plural, empieza en el interior de quien pretende amar, y empieza por amarse a sí mismo/a, es un estilo de vida, un amor real te demuestra con hechos que, "te quiere porque se quiere a sí mismo/a, porque desea compartir la vida, hasta que sea la decisión de ambos, no solo desea compartir el mundo a tu lado, desea inventar uno mejor con tu ayuda, y sobre todas las cosas, citando a Walter Riso, te das cuenta de que si dicho amor atenta en contra de la propia autoestima, preferirás entonces la compañía de tu vieja amiga la soledad, pero sobre todo sabrán como comunicárselo sin actos de violencia".

¿Qué conforma el amor real?

La sociedad en que vivimos está totalmente educada con la falsa creencia de que el amor es solo una sensación que nace en nuestro corazón desde lo más profundo de nuestro ser, pero el amor se crea en el cerebro no en el órgano que solo sirve para bombear la sangre a todo el cuerpo y que de razones o sentimientos nada sabe ni mucho menos siente, y que sin más ni menos se cimienta en el saber mutuo, tú me aceptas tal cual soy y también yo te acepto a ti, y por eso es de suma importancia que nos demos cuenta de que el cuerpo no solo necesita emoción, sino que en ocasiones solo necesita la resolución de sus necesidades pulsionales, lo que en otras palabras se explicaría al darnos cuenta de que no solo la psique humana se alimenta de aquello a lo que llamamos como amor real, sino que también el organismo necesita en ocasiones amor banal, y ninguno de ambos desprovisto de libertad, la propia y la de la pareja, pues esto no solo brinda confianza, sino un crecimiento en lo personal que después se traducirá en un equilibrio que abarque a la pareja, esto viene de la mano con el respeto al derecho ajeno y no solo con la conservación de la armonía en la pareja, sino con la posibilidad de expandir la vida de pareja desde la individualidad de ambos, también por tener armonía en el ámbito familiar, y donde la oportunidad mutua de seguir socializando entre familia y amigos o amigas de siempre, esto les permitirá expandir su necesidad a la vida, dándoles como resultado el seguir siendo independientes y felices, esto les ayudará no solo a no repetir patrones conductuales negativos de sus padres, los cuales en su tiempo se podría decir que estaban bien, pero en la actualidad dichas tradiciones ya no encuadran con las necesidades actuales, lo que forzosamente les llevará a crear hábitos que les permitan romper con los paradigmas sociales por los que hoy en día las relaciones de pareja no funcionan positivamente, como el machismo o el feminazismo.

Parte cuatro.

Para poder amar, hay que amar la libertad, la propia y la ajena, porque de lo contrario no estaremos en una relación de pareja, sino en una relación de esclavo con su esclavista.

La primera etapa por la que pasan las personas en una terapia psicológica de pareja, es que por principio de cuentas todos en absoluto siempre hablan de su pareja como la creadora de todos los problemas que tienen, nunca se toman un momento para observarse a sí mismos y por consiguiente ni cuenta se dan de que a todo momento le están echando la culpa de todo, y precisamente como dice el dicho sobre que si siempre escuchas la parte dicha por caperucita roja, siempre el lobo será el culpable y el malo del cuento, pero es necesario escuchar y darse cuenta de que ambas versiones tienen parte de verdad y parte de mentira, y por eso es que para que ambas partes se den cuenta de que ambos solo hablan del otro como si el otro fuera el malo del cuento, es necesario que sepan y acepten la culpa propia, que aprendan a escuchar lo que ellos y su pareja realmente están percibiendo y de ahí que mientras que quien está hablando se pone a sí mismo como una persona que tristemente ha sido abusada de todas formas, para que no solo se den cuenta de que el problema es de dos sino que también la solución es parte de esos dos que son pareja, definitivamente el amor de pareja es una lucha constante con uno mismo para darse cuenta de que en ocasiones el ego ciega y por tanto es que por eso el amor es un quehacer bilateral en el que se construyen caminos desde el interior de cada quien con el fin de mejorar las conductas y creencias que falsamente se tienen con el fin de poder aceptar conscientemente a diario a la otra persona, en base al conocimiento que se tenga de ella, y por eso es que una relación de pareja realmente es un contrato celebrado entre dos personas de mutuo acuerdo a una convivencia sana, cordial, afectiva, de retribución mutua y sobre todas las cosas da el poder decisivo en lo propio, no pretende esclavizar, no acapara, da libertad de asociación, da libertad de culto, libertad de creencias, libertad de gustos, da apoyo en contra de quien sea necesario, no importando si es en contra de los propios padres porque sabe que aun cuando se apoye alguna causa errónea, este o esta tendrán la capacidad de lavar la ropa sucia en casa y de igual manera se tendrá la capacidad de pedir las disculpas correctas sobre lo que realmente moleste en ese momento, porque quien ama, ama escuchar a su pareja, ama apoyar a su pareja, ama aprender cosas nuevas de su pareja, pero también sabe que ni él o ella nunca tendrán la verdad absoluta, ni lo sabrán todo, por tanto es que al haber situaciones que estén fuera de su control, también tendrá la capacidad de pedir el apoyo a quien sea concerniente como a un Psicólogo y definitivamente sabe que si quiere amar de verdad, entonces debe empezar por amarse a sí mismo/a.

¿El amor en la relación de pareja todo lo puede?

A mi parecer existen dos clases de amor en las relaciones de todo tipo y no solo en las de pareja, el primero es al que llamo amor constructo interno, el cual se construye desde nuestro interior y de igual manera nos lleva por todas esas decisiones razonadas que nos refuercen una manera positiva de vivir la vida por el hecho de que nos ocasionan el actuar en base a nuestro bienestar, al segundo lo nombre amor codependiente, y es ese tipo de relación afectiva que tenemos con el mundo y no solo con nuestra pareja, el cual nos lleva a seguir reforzando falsas creencias sobre que debemos de sufrir la vida como castigo por algo que hemos hecho mal, por algo que debemos y no sabemos cómo pagar o solucionar, o en el peor de los casos por seguir las enseñanzas negativas de quien con amor nos enseñó de una manera incorrecta el cómo vivir, como en el caso de las mujeres que les toca de niñas el ver que su padre golpee a su madre constantemente y el hecho de que su madre haya soportado muchas golpizas, las enseña a ellas a que de adultas también tienen que aguantar muchas golpizas, mucha negatividad, mucha dependencia y sobre todo mucha violencia de todo tipo en su contra, por amor a la enseñanza que su madre y su padre implantaron de niños, lo que le sucede también a los niños, sobre que ellos ven la situación desde el otro lado de la moneda, con el hecho tan lastimoso de que les toca aprender de su padre violento el que las situaciones maritales en el momento en que llegan a ser incontrolables, su solución sea de primera mano la violencia, y ellos de grandes den vida a la profecía de que en efecto la violencia es el único camino para resolver las situaciones sin control aparente para la resolución de cualquier conflicto, lo que a ambas partes, mujer y hombre en este tipo de situación les lleve a contraer alguna relación con personas que les refuercen el estilo de vida que iguale o asemeje la situación vivida por las personas a quien más aman en todo el mundo, y me refiero a la de sus padres, porque a pesar de que sean ellos quienes en su momento no solo mal educaron sino que también en dicho momento presente motiven las repeticiones conductuales con las que se contraigan relaciones tan o más autodestructivas que las de ellos, por amor a quienes nunca tendremos el valor de ir en su contra, porque es uno de los tantos paradigmas que hasta que no rompamos con ellos, no seremos mejor que quienes nos educaron, y posteriormente adoptaremos la falsa creencia de que ser machistas o feministas es el camino hacia la superación de nuestro género como igual que el otro, cuando la única solución está en la comprensión de lo interno, de todo eso que nos educó y nos sigue educando, y solo podremos dar solución positiva a una relación toxica, cuando aceptemos que ciertas cosas en nuestra vida, definitivamente no son ni nunca serán como nuestro ideal, porque cada día en todo el mundo muchas mujeres y muchos hombres son violentadas/os, con el paso del tiempo ellas y ellos tal vez se preguntan, ¿Qué estaba pensando por haber permitido tal maltrato hacia mí?, la respuesta es fácil, no estaban pensando, solo eran impulsivas/os, porque es parte de la educación que de niños recibieron, porque cuando el razonamiento está actuando de manera normal, el ego actúa en pro del bienestar continuo, y cuando el impulso es quien manda, los comportamientos autodestructivos son quienes gobiernan la conducta propia y motivan la de los demás que nos rodeen. Porque la violencia no solo está en manos del hombre el eliminarla, o el detenerla, o el que no exista, ambas partes se refuerzan a sí mismas, y a menos que te pongan una pistola en la cabeza, solo así podrás decir que toda la culpa es de la otra persona.

El costo por sobrealimentar el miedo a la soltería al estar en una relación plagada de insatisfacciones, solo atrae el no poder estar donde se deba estar, de no poder hacer lo que nos haga felices, de no poder alcanzar nuestras metas, de no poder ser quien se haya venido a ser a este mundo y por último el tener que sacrificar una mejor vida con quien si debamos de estar por estar con quien no debemos, por elección propia porque la realidad de un verdadero amor es que este no fue hecho para destruir, al contrario debe ser constructor de sueños y motivaciones, debe dar alas y esas alas deben llevarte hacia donde debes estar en este mundo, en esta hermosa vida, por tanto si en tu relación de pareja no tienes aspiraciones más allá de lo que representa el matrimonio, como ser escritor, pintor, músico, actor, o lo que sea que sueñes con ser algún día, sorpresa no es amor lo que cimienta tu relación, es codependencia, y pudiera estar reforzada por vínculos de apego, e impartida por tu pareja o en el peor de los casos podría ser una elección felizmente escogida por tí, porque el amor verdadero no es capaz de quitar la vida propia para darle vida a una relación sin amor o a alguien más como a los hijos, esas son excusas, son tradiciones paradigmáticas, son patrones conductuales repetidos, es desidia, es esclavitud auto-escogida, y nunca será felicidad verdadera, porque en cada ser humano existe una necesidad innata de ser específica o una pulsión de vida, o como lo dirían los psicólogos, y es en vivir nuestro ser tal y como debe ser donde se encuentra el mayor de los equilibrios, el más grande de los amores y el mejor de los amantes, y como siempre digo si me amo entonces estoy preparado para amar, pero no nos dejemos engañar por falsas promesas sociales dichas con leyendas urbanas como la que dice que "el amor todo lo puede", cuando lo que nos quiere decir entre líneas esta frase tan trillada es que si pretendemos apoyarnos en semejante barbaridad y no solo lo que por encima aparenta, como que para empezar, la palabra "todo", describe a un total de acciones en contra de uno o de la pareja, queriendo decir entonces que si por esta frase vives, te espera aguantar no solo lo bueno, sino lo malo, lo peor, lo aberrante y lo innombrable, donde lo bueno es lo más obvio, (besos, caricias y todo tipo de demostración afectiva), lo malo

75

sería entonces todo tipo de trato negativo no excesivo como, (violencia gestual), lo peor sería, (violencia física), lo aberrante sería, (violencia física y verbal no solo en casa sino en público), y lo innombrable sería, (intentos de homicidio o suicidio), sumándole a esto el verbo poder, lo cual significa que no solo se haría con la aprobación del afectado/a, sino que sumándole a esto el prefijo "amor", como indicativo de no solo lo hago por decisión propia, sino que también escojo este estilo de vida con amor por el dolor que se me infrinja tanto por el amor a quien me lo hace sentir, lo que conlleva a aceptar que nada de esto sería amor sino masoquismo por quien lo sufre y sadismo por quien lo ejecuta, algo así como estar casado/a con alguien con el mismo estilo de vida que el **Márquez de zade**.

Amor constructo interno

Qué puedo decir de este tipo de amor sino lo único que sé del en base a mi experiencia como esposo, o como novio o como hijo que fui o que soy, siempre que pienso en este asunto del amor verdadero, siempre empiezo por acordarme de cuando mis padres estaban juntos, del cómo se demostraban con besos o caricias el amor que se profesaban, se decían te quiero, o te amo, se daban besos en público o estando en su casa, todo esto me enseñó a que el amor verdadero es algo que se aprende desde muy pequeño, desde la educación que recibimos en casa de quienes nos educan, aprendemos por todos esos ejemplos que nuestros padres o tutores nos dan a entender de una manera indirecta de sobre cómo es que se hacen las cosas, desde que a la mujer se le tiene que tratar como si fuera de cristal cortado, como suele decir la vieja frase, "no se le toca ni con el pétalo de una rosa", para entonces y solo así demostrarle que se le ama verdaderamente, pero realmente no creo correcto vivir la vida en base a frases tan trilladas que solo nos invitan a vivir como lo hacían nuestros antepasados de una manera tal que a la mujer no solo no se le tocaba de manera alguna, sino que encausados en dicha frase, se reforzaba la creencia de que por lo mismo se le mantuviera encerrada en casa y aprovechando tal enclaustramiento, se le dotaba de diversas obligaciones domésticas y sin derecho a sacar ni la mirada por la ventana, ya que en efecto no solo podrían manchar su honor con tan solo una mirada lasciva de algún barbaján libidinoso y cochino que con tan solo verle a la cara, éste ya le habría desvestido y ultrajado en su mente, lo que se sentía como algo peor que haberla tocado con el pétalo de una rosa, pero socialmente se pone a la figura femenina como esclava del hombre por ser esta quien no salía de casa, que era esta quien debía criar a los hijos y mantener el orden en la casa, pero nada se dice del esfuerzo que desde tiempos inmemoriales hace el hombre para conseguir sustento, nadie hace mención de las calamidades que tiene que soportar para llevar sustento al hogar, pero eso sí hogar dulce hogar, porque la esposa tiene cuidado del mismo, y el esposo mientras es tildado de machista por andar todo el día en la calle "trabajando"

Todo ser humano necesita sentirse amado, pero, las necesidades del ser humano no solo son de índole emocional, primero existió el físico y luego la emoción, y debido al número tan elevado de necesidades que tiene el humano, de tipo emocional y físicas, me atrevo a citar a Pito Pérez sobre lo que alguna vez dijo de que, "el hombre es hambre", y realmente no se equivocaba al dar esa descripción de la naturaleza humana, con esto empiezo a fundamentar que el hambre física y emocional que tiene el ser humano es debida de una insatisfacción, causada por no saber el origen de la misma, por principio de cuentas ni siquiera sabe a ciencia cierta si solo existe el hambre física o de otro tipo, cuando la del otro tipo sería la del tipo emocional, y al igual que Maslow enumera las necesidades desde las más básicas hasta las más elevadas, así yo también me atrevo a enunciar dos tipos de necesidades a las que llamo necesidades primarias y necesidades secundarias, donde las primarias son todas aquellas que mantienen el físico no solo con vida sino con equilibrio, como ir al baño, comer, tomar agua, hacer ejercicio, tener sexo en determinada edad de la adultez y tener buena salud generada por la satisfacción de todo lo anterior, y donde las necesidades secundarias serían tener afecto de los seres queridos como de los padres, hermanos, tíos, tías y de uno mismo para la conformación de una buena autoestima generada por la satisfacción de todo lo anterior y de una correcta simbiosis generada entre los iguales como iguales, seguido de esto la necesidad de asociación de una manera libre y sin prejuicio alguno, estabilidad económica, libertad de culto, libertad de preferencias y gustos, y por supuesto la admiración de las personas que más nos importen como todo tipo de ser querido y amistades muy cercanas, si nos ponemos a pensar, nos daremos cuenta de que las necesidades primarias son algo con lo que nacemos y se supone que no deberían estar a discusión, las necesidades secundarias son escogidas por uno mismo y por la influencia de la sociedad en que nos eduquemos, el no tenerlas no nos ocasiona la muerte como si lo haría el no satisfacer las de nivel primario, pero indudablemente el ser humano está condenado a sufrir hambre emocional por no saber la ubicación exacta de dichas necesidades, ya que tiende a tergiversar el hambre física con el hambre emocional y cuando solo necesita alimentar el estómago, suele proyectar dicho apetito en una necesidad afectiva seguida de un te amo sin amor, y esperar una conducta reciproca de quien recibió el halago, confunden el sentir de las mariposas con el gruñir de las tripas hambrientas en sus cuerpos, y en efecto la sensación de enamoramiento dura tan poco debido a la incorrecta canalización de tan especifica necesidad, que acto seguido tienden a convertir dicha sensación en profecía y esta con el tiempo se vuelve realidad, donde lo que ocasiona es que las personas en este tipo de situación sentimental tiendan a darle vida a dicho sentimiento fallido de falso amor como real y al cabo del tiempo y de infinidad de demostraciones de afecto sin sentido, suelen desplazar su necesidad de amar y ser amados a una ingesta de alimentos excesiva donde no solo el hombre tiende a engordar sino también a la mujer se le pasan unos kilillos de más, con esto se genera un círculo vicioso en el que indudablemente el amor que se profesan se convierte en muestras de odio encubiertas de alimentación excesiva y demostraciones de amor con inmensa falta de realidad, indudablemente este tipo de personas lo que necesitan es aclarar su mente, aceptar que no todo lo que sale en los medios de comunicación es real y que por tanto las caritas felices que usan en los comerciales para promocionar las comidas y demás postres, solo encierran actos manipulativos donde el mensaje es que si comes esto o aquello estarás tan bien físicamente y anímicamente como lo supuestamente muestran los actores que los promocionan, pero el hambre será hasta que se sacie correctamente y no será hasta ese momento en que no solo desaparezca dicha necesidad sino las repercusiones de no satisfacer correctamente no solo al físico sino a la parte emocional en nosotros, en otra conversión, las personas suelen proyectar una necesidad de procedencia afectiva por falta de afecto de los padres o de baja autoestima, lo que les lleva a desplazar dicha carencia en alguien que se piensa resolverá dicho faltante emocional con el supuesto amor que alguien más le profese y de igual manera suele pasar que alguien insatisfecho por falta de aceptación social, tienden a engancharse con la primer candidata o candidato que les devuelve la mirada, en pocas palabras las personas con algún tipo de insatisfacción no resuelta y con la que carezcan del conocimiento necesario para su resolución, sin las herramientas de defensa correctas como una buena autoestima, o salud, o la resolución de las necesidades primarias y secundarias, el amor que es la cúspide de las necesidades impedirá la autorrealización, y no podrá ser lograda, porque forzosamente para que exista tal resolución positiva, deberá proveerse la resolución de las necesidades anteriores para entonces el turno siguiente sea el del amor no solo a sí mismos sino a alguien más de una manera estable, positiva, con equilibrio y verdadera demostración de afecto.

La primera etapa por la que pasan las personas en una terapia psicológica de pareja, es que por principio de cuentas todos en absoluto siempre hablan de su pareja como la creadora de todos los problemas que tienen, nunca se toman un momento para observarse a sí mismos y por consiguiente ni cuenta se dan de que a todo momento le están echando la culpa de todo, y precisamente como dice el dicho sobre que si siempre escuchas la parte dicha por caperucita roja, siempre el lobo será el culpable y el malo del cuento, pero es necesario escuchar y darse cuenta de que ambas versiones tienen parte de verdad y parte de mentira, y por eso es que para que ambas partes se den cuenta de que ambos solo hablan del otro como si el otro fuera el malo del cuento, es necesario que sepan y acepten la culpa propia, que aprendan a escuchar lo que ellos y su pareja realmente están percibiendo y de ahí que mientras que quién está hablando se pone a sí mismo como una persona que tristemente ha sido abusada de todas formas, para que no solo se den cuenta de que el problema es de dos sino que también la solución es parte de esos dos que son pareja, definitivamente el amor de pareja es una lucha constante con uno mismo para darse cuenta de que en ocasiones el ego ciega y por tanto es que por eso el amor es un quehacer bilateral en el que se construyen caminos desde el interior de cada quien con el fin de mejorar las conductas y creencias que falsamente se tienen con el fin de poder aceptar conscientemente a diario a la otra persona, en base al conocimiento que se tenga de ella, y por eso es que una relación de pareja realmente es un contrato celebrado entre dos personas de mutuo acuerdo a una convivencia sana, cordial, afectiva, de retribución mutua y sobre todas las cosas da el poder decisivo en lo propio, no pretende esclavizar, no acapara, da libertad de asociación, da libertad de culto, libertad de creencias, libertad de gustos, da apoyo en contra de quien sea necesario, no importando si es en contra de los propios padres porque sabe que aun cuando se apoye alguna causa errónea, este o esta tendrán la capacidad de lavar la ropa sucia en casa y de igual manera se tendrá la capacidad de pedir las disculpas correctas sobre lo que realmente moleste en ese momento, porque quién ama, ama escuchar a su pareja, ama apoyar a su pareja, ama aprender cosas nuevas de su pareja, pero también sabe que ni él o ella nunca tendrán la verdad absoluta, ni lo sabrán todo, por tanto es que al haber situaciones que estén fuera de su control, también tendrá la capacidad de pedir el apoyo a quien sea concerniente como a un Psicólogo y definitivamente sabe que si quiere amar de verdad, entonces debe empezar por amarse a sí mismo/a.

Parte cinco.

Cuando le digas a alguien que le amas, díselo desde el amor que tienes por tí, no desde solo las palabras que sabes decir de una manera bonita, esas están vacías, no tienen amor real, y realmente no son lo que sientes cuando estas no salen del amor que te profesas a tí mismo/a, porque cuando de amor se trata solo damos en base al que poseemos, y no el que decimos tener, nos guste o no.

Si nos dedicamos a ver la relación de pareja como una meta simplemente, estaremos destinados a que en el momento que realmente será un corto plazo en que se cumpla dicha meta, nuestra principal o única motivación de hacer pareja desaparezca dejando un gran rasgo de insatisfacción afectiva, desequilibrio emocional, y de hasta un vacío emocional, con lo cual puedo decir que debe ser tratada dicha relación como un rumbo con condiciones sobre obligaciones y derechos, y visto desde este ángulo podré decir que entonces es bueno saber que todo vínculo es igual a un interés de conveniencia, y en el caso de la pareja de mutuo acuerdo y de conveniencia recíproca, y para que se tenga mayor probabilidad de sostener una relación afectiva más positiva es bueno saber que definitivamente para no recorrer el camino del sufrimiento por demasiado tiempo en una mala relación, es menester saber algunos indicios que tendría una relación de pareja sin amor real, como en las que se muestra claramente el clásico síndrome de abstinencia, en el que se dejan ver síntomas como tensión mental y, o física al haber una distancia en la que la vista no logre hacer blanco de su supuesto amor, y que esta a su vez contraiga conductas y sensación de incapacidad de vivir la vida como cotidianamente lo haría, o el sentimiento de dolor por su ausencia, lo que indiscutiblemente me lleva a hablar sobre apego afectivo y que definitivamente siempre que haya sintomatología del síndrome de abstinencia, habrá apego afectivo e indudablemente se puede decir que en dado caso dicho amor no es real sino una dependencia creada por los faltantes de tipo emocional o material que cada quien se haya generado en el transcurso de su vida, lo que nos hace sentir, pensar y actuar, a que sin esa persona no podremos obtener felicidad alguna de nuestro diario vivir, que únicamente obtendremos el amor y el bienestar que necesitamos, única y exclusivamente a través de esa persona, ya que dicho apego nos lleva actuar en nuestras vidas como parte de un apéndice de las vidas de nuestra pareja, algo así como un tercer brazo, o un segundo corazón en su cuerpo y un segundo cerebro también, en la mayoría de los casos en que una persona sufre de apego emocional, esta persona tiende a tener una personalidad de tipo infantil egocéntrica, y se deja ver en sus actos repletos de inmadurez con los que al igual que un niño que con berrinches y lloriqueos y demás pataletas, pretende manipular la conducta de sus padres, enfocado a generar una ganancia, en el caso del adulto inmaduro con apego emocional, este en su papel regresivo y mediante chantajes emocionales de, si no me amas, me suicido, o si me abandonas te mato y me mato también, también suelen decir, es que sin ti no puedo vivir, sin ti mi vida nada vale, con lo que pretenden al igual que el niño del que antes hable, generar una supuesta ganancia, mediante actos de manipulación de tipo egocéntrico, como queriendo decir tú no te puedes ir de mí, porque me perteneces, tu eres mía y de nadie más; pero la triste realidad de este tipo de personas es que ni ellas se aman a sí mismas, porque cuando no sabemos amarnos a nosotros mismos, es cuando tendemos a enamorarnos de personas, las cuales creemos resolverán nuestros conflictos emocionales y demás faltantes, nos engañamos con la falsa creencia de que con el amor de uno de los dos basta, incluso nos mentimos con la creencia tradicional de que con amor que haya, lo demás estará bien también, pero nos mentimos por amor a todas esas personas que nos enseñaron tales creencias, los cuales aprendieron de quienes estaban menos educados que ellos, nosotros a su vez, aprendemos de quienes nos dan vida y en ese valor tan grande que le damos a nuestros padres, sustentamos de misma forma las falsas creencias, que gradualmente nos evocan a crearnos un estilo de vida dependiente y autodestructivo, y en ese estilo de vida nos adentramos más y más mientras la pareja también tenga las mismas creencias de pensar en que solo de amor se vive, e indudablemente este malestar de amor sin quererse a sí mismo, solo nos apega patológicamente a situaciones de diverso índole de violencia, y por amor a esos padres que nos dieron vida, de manera inconsciente es que continuamos dándole vida al paradigma de los abuelos donde las relaciones de pareja todas eran del tipo tradicional machista, pero si salimos del paradigma antiguo, forzosamente para forjarnos uno nuevo tendremos que empezar a amarnos a nosotros mismos, de lo contrario seguiremos dentro del paradigma antiguo y forzosamente seguiremos creyendo en ese amor que nos enseña la tradición, ese amor que se sustenta en lo ideal, en lo físico, en lo económico, en lo banal, alguien que ha creado en su mente al amor perfecto en base a ideales superficiales, exactamente es lo que encuentra, alguien superficial que en efecto por su constante preocupación por lo de afuera, por que debido a su constante condicionamiento de dicho estándar del amor, es precisamente la razón por la cual se programa a buscar ese estándar, y es precisamente por lo que se enfoca solamente en la belleza externa, pero es bien sabido que el tiempo corrompe al físico, mas nunca podrá con la parte emotiva, con la parte racional, estos dos últimos aspectos a diferencia de lo externo que es en lo que se basa dicho amor idealizado, nunca caducan ni empeoran, al contrario mejoran, y es por eso que a algunas parejas se les acaba el amor en la vejez, porque al igual que en el otoño a los árboles se les caen la flores y hojas de las que la primavera estaba enamorada, de igual forma a las personas se les termina la belleza física con que condicionaban su equilibrio emocional, es de sobre notar entonces que con dicho atardecer, la belleza de la que un amor superfluo cimienta su existencia, sea razonablemente que deje de existir y en su lugar, llegue la conciencia de lo que realmente amaban y que ahora ya no tienen dicho condicionante, y que desgraciadamente esta realidad confronta a las parejas de una manera negativa y proyectiva por no seguir poseyendo dichos atributos, es cuando las personas suelen desear buscar en otro lugar lo mismo que siempre han querido, y que en su hogar ya no tienen, porque es bien dicho que querer poseer y controlar es muy diferente a amar, porque amar no representa posesión alguna más que la propia, y es exactamente en la edad adulta en la que la desilusión del amor superfluo tiene un límite, pero el amor sustentado en lo interno impone mayor fuerza, porque el tiempo en vez de acabar con él, más bien lo fortalece con la sabiduría, con conocimientos nuevos y mejores, esto es el reforzante de las familias más unidas, de las más felices y es con este fundamento que podemos hablar de amor verdadero porque es cuando se ha superado la etapa de la desilusión, por un amor banal que nunca existió, lo cual no quiere decir que se niegue la diferencia sino más bien, aprender a reconocer las diversas cualidades que tiene la pareja de tipo físico e interno, poder aceptarlas e incluso vivir con ellas, por no ser gustos o preferencias sustentadas en lo banal.

Otra de las conductas que nos fomenta el educarnos con las tradiciones que forman parte del viejo paradigma, es que solemos creer que somos merecedores de ser amados, tan solo porque somos bien parecidos o peor aún, porque creemos amar a alguien, y con dicho enamoramiento basado en la atracción visual, sustentamos el falso cimiento de dicho amor, pero la verdad es que nadie tiene la obligación de amarnos, eso es una decisión personal, pues ya no son los tiempos de los que nos hablaron los abuelos en los que un día nuestros antepasados solían acudir con algún conocido para hacer el trato de casamiento de sus hijos, aun cuando estos apenas fueran unos niños, e incluso aun cuando estos tuvieran demasiada diferencia de edades, aquí la cuestión más importante es que sí pretendemos seguir viviendo bajo los estatutos del viejo paradigma, exactamente eso es lo que obtendremos, más de lo mismo, y los resultados serán, el vivir bajo las reglas de un sistema patriarcal absolutista, que por supuesto no funcionó para nadie, ni en sus tiempos, mucho menos en los nuestros, cabe mencionar que entonces para fomentar un nuevo paradigma, es necesario cimentarlo en el viejo, pero, como el conocimiento de que no debemos de comportarnos de igual manera debido a que ya tenemos el antecedente de lo que ocasiona el actuar bajo dichas creencias y tradiciones, que por supuesto ya caducaron, obviamente en el nuevo paradigma se tendrán errores, eso es de esperarse, pues la naturaleza humana es imperfecta, pero sin duda alguna esta nueva forma de actuar en nuestras vidas y no solo del amor, tendrá que traer nuevas fuerzas y mejores cimientos a la mejor de las instituciones que es la familia, desde el noviazgo, e incluso desde antes, desde lo personal, para entonces los diferentes tipos de amor no solo sean cuestión de saber para los estudiados, y científicos, sino parte de la educación que se dé en el hogar de cada quien.

Parte seis.

El amor es esa constante conductual en pro del bienestar propio la cual no mira siempre al principio hacia afuera, pero siempre comienza desde el propio interior y se encuentra entre la razón y la impulsividad.

Un día estaban dos enamorados viendo la luna y las estrellas, cada uno desde su propia casa, el hombre le decía por teléfono a su novia, espero que mi luna sea tan grande como la tuya mi amor, ella le contestaba y yo espero que tus estrellas sean igual de bellas que las mías mi vida, ambos se dedicaban palabras y poesías que describían lo mucho que se amaban, ambos inundados de Eros, ese amor que locamente sabe amar con el físico, con todo eso que representa lo impulsivo, pues solo se fija en lo visceral y pasional, y dicho desborde de amor hace pensar que dicho sentir será por siempre inmutable, sin cambio alguno y por lo tanto es sentido como algo perfecto que nunca cambiará para mal, que solo tendrá de momentos buenos a mejores, pero es inevitable no sentirse de esa forma, pues es parte de la primer etapa del enamoramiento en la que debido al desborde de sensaciones nuevas, el sujeto en cuestión siente que así será por siempre y que por tanto dicho amor no solo es el definitivo sino el correcto, pero solo es una etapa del enamoramiento en la que si nos aferramos a dicho sentir, tarde o temprano empezaremos a sentirnos en exceso desilusionados y no sabremos debido a qué, y es tan solo que el amar consta de saber qué es lo que buscamos en esa persona pues no sería normal decir que nos gustan todo tipo de personas, eso alude a una personalidad inmadura, que realmente no sabe lo que quiere, y como forma de mentirse a sí mismo es más fácil decir, me gustan de todos tamaños colores y formas de ser, cuando lo correcto es saber el porqué de dichas decisiones, como que me gustan altas o bajitas, o de pelo rubio, que les guste un tipo de música en específico, que les guste bailar, que les guste ir al cine, o que les guste los animales, porque de lo contrario se corre el riesgo de pretender amar a alguien que odia los gatos, siendo que yo los amo, o que pretenda amar a alguien que no solo odia a los animales sino que también los caza para matarlos, cuando todo eso está en total contra de mi forma de vida, en total contra de mis ideales, una vida al lado de alguien totalmente desigual a mí, es vivir con el enemigo principalmente porque dicho saber de mí y de esa otra persona, es exacto lo que crea vínculos afectivos positivos y no sensación de apego, estos vínculos son el saber en ocasiones conscientes y en otras de manera inconsciente por que decidí amar y dejarme amar, son todo eso que me une a esa persona desde que si le admiro porque tiene una plática muy amena o si porque sus gustos y formas de ser refuerzan mi estilo de vida, lo que en conjunto refuerza el estilo de vida de ambos, y esto a su vez les crea lazos que en vez de separarlos, los unen más, diferente es cuando los vínculos que los unen son de tipo negativo en donde en vez de tener similitudes, tienen demasiadas diferencias, pues amar a alguien a quien no conocemos y a su vez pretender que esa misma persona nos ame, es semejante a esperar a que un niño que no sabe leer, y no sabe escribir nos escriba algo o nos lea algo, en perspectiva, la idea es que dicho amor sería un amor con analfabetismo emocional, por no saber el porqué de su naturaleza ni si es siquiera un amor verdadero.

No cabe duda de que Eros como fuerza creadora de vida, exactamente nos trae a esta vida, y en la niñez nos lleva a cometer actos de inconsciencia, precisamente porque dicha consciencia todavía no está formada, y no lo estará sino aproximadamente hasta la edad de los 21 años que será cuando terminará aproximadamente de formarse, y entre que llega ese momento, dicha fuerza de vida, impetuosa y repleta de actos impulsivos, es que sea normal debido a dicha condición, el que se cometan actos de supuesto amor, donde solo hay deseos incontrolables justificados por el alto índice de adrenalina que aporta la madurez de la edad, la cual no existe aún, y de ahí que existan los embarazos no deseados, y los matrimonios no pensados, y a su vez los divorcios en abundancia, porque no es en ese momento la persona madura la que lleva el control total de su vida, sino más bien Eros quien comanda el destino, luego llega ese momento aproximadamente a la edad de los 25 años en que la edad se presta para un cambio de madurez, y me refiero a la adultez, donde la amígdala ya tiene la capacidad de sintetizar las endorfinas de una manera más coherente, eficaz y equilibrada, lo que permite pensar los actos de vida a diario, y más específicamente los actos de amor que en este caso ya se puede decir que sí son de amor verdadero, en su mayoría al menos, pues dicha condición ya permite no ser tan impulsivos en el actuar, lo que conlleva a poder evaluar cada acto y decisión en vez de actuar y después arrepentirse, como solía hacerse en la edad de Eros, la cual se motiva en su mayoría, de la inmadurez, y debido a eso es creadora de la famosa calentura, de la impulsividad y amiga de cantidades muy grandes de adrenalina, pero en esta etapa donde se conoce el amor de Philia que es el amor pensado, el amor maduro, el amor repleto de esa sustancia que nos lleva a tener verdaderos orgasmos de placer, la cual es la oxitocina, la cual crea un amor voluntario, profundo y lleno de acción consciente lo que nos permite y faculta para evaluarnos y así saber qué es exactamente lo que buscamos en esa persona a quien amaremos como pareja de vida, pues gracias a Dios que en esta edad y etapa ya el cuerpo humano no genera las mismas cantidades de adrenalina excesivas que en la niñez y juventud creaba, y eso es parte de lo que nos da un mayor control en toda decisión y elección, debido a la capacidad física que el cuerpo nos provee, debido de una madurez, la cual fluctúa dependiendo de la educación y del entorno, de las creencias, de las influencias, de las costumbres y más que nada debido a la capacidad intelectual, como también del género al que se pertenezca, y es necesario saber que las mujeres tienen cantidades más grandes de materia gris, lo cual las hace pensar mucho más que los hombres, lo cual les genera el madurar primero que a los hombres, y debido a eso es que el hombre sea más impetuoso a la hora de formalizar una relación, porque realmente no es él quien desea amar, sino que debido a las grandes cantidades de testosterona que posee en su cuerpo sea que desee y necesite tener esa conexión sexual que la mayoría de las mujeres no apoyan más que teniendo un matrimonio de por medio, pues como bien dije antes, no se tiene el control total de uno mismo mientras se esté en la etapa de Eros, lo que conlleva a lo antes dicho, muy diferente a la mujer que ella con su capacidad más grande que la del hombre, todo lo haga más pensadamente, y por lo tanto su amor no sea más de Eros que de Philia, sino que en ellas existe la posibilidad de un mejor equilibrio, pero es imprescindible el decir que un amor no existe sin Eros, porque Eros es la fuerza que nos atrae y nos acerca a esa persona que nos gusta, e inclusive en cada noviazgo en que existan las tres etapas del amor las cuales son, "Eros, Philia y Ágape", se podrá decir que están encaminadas a contraer una relación de afecto positivo e idílico, porque es más que obvio que la madurez capacita a las personas para escoger más sabiamente a su compañera/o, por lo que definitivamente la edad sí tiene mucho que ver en una buena o mala elección, claro está que ni muy joven y ni muy viejos es recomendable el esperarse a elegir pareja, pues la mente también pierde elasticidad o capacidad de razonamiento, más o menos desde mi óptica, las edades idóneas son entre los 25 y los 40 años, ya que antes de los 25 años se es muy impulsivo e inmaduro y después de los 40 se es demasiado selectivo y definitivamente ya no es la edad correcta para procrear debido a situaciones físicas y por eso es que la edad idónea es entre los 25 y los 40 porque es exacto las edades en que existen menos excesos conductuales y por ende es que no existan demasiadas necesidades reprimidas que con el tiempo excesivo tienden a crear alguna patología, precisamente por dichos excesos creados por la falta de la manutención de los afectos correspondientes a cada edad, y como solía decir uno de mis maestros, la tía de todas las muchachas es la ansiedad, creada precisamente por tanta represión, por tanto estrés no canalizado y en definitiva por dejar a la deriva y en el olvido nuestras necesidades, porque hay que saber aun cuando nuestra pareja no sea la persona con quien realmente pasaremos el resto de nuestros días que en esta vida no venimos a reprimir nuestros afectos, al menos de la manera más viable y que por eso sea que existan pecados que sí se comparten solo así se disfrutan, que sí se empatizan, hasta te llevan a tener emociones tan fuertes y tan placenteras que te hacen tocar el cielo en un segundo, o el infierno si se hacen sin amor, si encuentras un amor así de intenso, sabrás que las palabras sobran, o que siempre son menos que las miradas y las caricias, sabrás entonces no solo por las demostraciones de la libido que es amor del bueno sino que tendrás el apoyo en todas las ocasiones posibles por parte de tu pareja, sentirás que has conocido el amor bonito porque ya no voltearás a ver a las otras personas de la misma manera en que antes lo hacías, ahora solo serán personas y no posibles prospectos de fantasías o de si la situación lo permitiera hasta de parejas, lo mejor es que con el tiempo al lado de esa persona empezarás a sentir que ya tienes todo en esta vida, al menos lo más importante, y entonces cada logro ya no será un logro en donde necesitas demostrar algo a alguien, porque ya sabes de ante mano que aun cuando dicho logro no existiera seguirías siendo igual de valioso/a, en esa compañía te deleitarás a tal grado que el amor ya no será como lo que tanto cuentan en las historias de romance, te darás cuenta de que hasta el lavar los trastes a su lado es un acto de amor en el que lo que más importa no son las caricias o los besos sino el poder compartir un momento en el que ambos estén en un mismo espacio.

Parte siete.

El amor de pareja requiere de dos personas que se amen a sí mismas.

Había una vez un cachorrito que fue adoptado en un hogar con todas las comodidades, cuando la familia que lo tenía vio que no podía seguir costeando sus cosas de manutención, decidieron echarlo a la calle, el cachorrito desprovisto de todo, al momento de tener hambre corrió a buscar alimento en todos lados, con su olfato alcanzó a percibir el olor a comida proveniente de un bote de basura, fue enseguida a tirar el bote para sacar la comida que ahí estaba, el dueño del restaurant en que se encontraba ese bote de basura se molestó a tal grado por el bote tirado que arremetió en contra del perro con insultos, ademanes, amenazas de golpes al aire y definitivamente le puso uno que otro golpe, y hasta le arrojó una piedra cuando huía por su vida, el perrito asustado empezó a darse cuenta de que tenía que andar a la defensiva, si quería seguir vivo, al día siguiente le volvió a dar hambre y este fue en busca de alimento, con su olfato alcanzó a percibir algo de comida, y de nueva cuenta estaba en una bolsa de basura, al abrirla, el dueño de esa casa observó el tiradero que el perro hacía para encontrar la comida, por lo que se molestó y corrió a patear al perro, el perro asustado corrió por su vida con lo que alcanzó a tomar del suelo para alimentarse en otro lado, el perro con esta experiencia reforzó la creencia de que tenía que andar por la vida en estado físico y emocional de manera defensiva, cosa que para la siguiente ocasión en que tuviera hambre, definitivamente tendría que ser más agresivo para que le permitieran alimentarse y así seguir con vida y algo de salud, como podemos ver, la situación del perro aquí descrita suscita ejemplarmente la situación que le sucede a las personas que a su vez también han tenido situaciones en que de sus relaciones pasadas andan cargando con lo que no han podido resolver, y que gradualmente con dicha frustración de no poder resolver las problemáticas que dichos noviazgos les han dejado, tienden a pensar que como dice un dicho antiguo, "un clavo saca otro clavo", y así es que continuamente y sin haber superado los problemas dejados por las relaciones amorosas del pasado es que se dejan llevar por la libido o las necesidades afectivas y materiales que creen que otra persona supuestamente les puede proveer, pero es por no haber solucionado los problemas anteriores que este tipo de personas anden de relación en relación, con el único fin que se permiten que es el de tener relaciones conflictivas, incluso más que las anteriores, y la familia que se retrata en esta historia funge como la relación de pareja en la que después de un tiempo de relacionarse negativamente, está en determinado momento llega a un clímax en que no da para más y por ende es que se termine dicho noviazgo, el hambre que le da al perrito es similar a las necesidades que cada persona tiene de relacionarse afectiva y físicamente con su contraparte y que cuando tendemos a reprimir y a negar dichas necesidades, el cuerpo nos las cobra de otra manera que es viendo amores donde solo hay lo contrario, donde solo hay angustia, desesperación, muchísima falta de afecto, total desconocimiento de lo que es el amor, y por lo general las personas que andan desesperadas por encontrar el amor que solo se puede tomar de sí mismos/as, siempre terminan encontrando a personas igual de desesperadas, y de ahí que al igual que el perrito se conseguía la comida de los botes y bolsas de basura, de igual manera las personas desesperadas y faltas de amor propio sea de lo más común que siempre terminen en su búsqueda desesperada de amor y que por su alta impulsividad se consigan siempre puras parejas sin amor propio para supuestamente sacar el clavo anterior, pero el resultado siempre será el de relacionarse conflictivamente con parejas que no tienen nada en común, incluso que ningún vínculo los una más que lo que su vista les brinde, que es lo de afuera, y por esto es normal que no se logre la conexión que lleva al amor que culmina en una relación positiva, porque lo único que ellos saben el uno del otro es que se proveen de sexo y de materialismo pero nunca de amor real que es en el que se está consciente de que el tiempo se llevará algún día la belleza exterior y que en base a ese dicho amor y dicha atracción se debe cimentar día a día en cosas que no se vean afectadas con el paso del tiempo, como todo lo emocional, como tener gustos y pasiones similares, porque las personas que no logran establecer un vínculo más allá de lo visual y superfluo están destinadas al fracaso más que nada porque este tipo de personas en su mayoría son todas esas que por el hecho de que no tengan el hábito de resolver su pasado, tengan que inconscientemente andarlo arrastrando de relación en relación, porque a cada término de una relación amorosa, es muy necesario darnos un tiempo de duelo, similar al que nos damos cuando una persona querida fallece, para superar su pérdida, para poder resolver y superar de la manera más positiva posible las metas y sueños no resueltos con dicha persona, para poder llorar la falta de esa persona que antes estuvo a diario y ahora no, para poder llorar la relación en general, para poder aclarar las culpas que sí son nuestras y así poder soltar las culpas que no sean nuestras también, para aligerar la carga en nuestra vida de asuntos que no nos corresponde arreglar, para poder entonces el pensar más detenidamente sobre cuál es el camino correcto en nuestra vida, que será indudablemente en el que no solo logremos relacionarnos con personas mejores, sino que nosotros también seamos parte de esas personas que sean mejores, por haber decidido que no es correcto vivir en el pasado y que la forma adecuada de poder lograrlo es la de concientizar las cosas ocurridas de una manera en que una por una nos demos la oportunidad de resolverlas, con el fin de aprender de nuestros errores, de nuestras debilidades, de nuestros límites, para conocer nuestras fortalezas, para hacernos más fuertes, para lograr ser más inteligentes, para saber más como escoger a una pareja de vida, para saber qué es lo que necesitamos de nosotros y de esa persona, para entonces no seguir tropezando con el mismo tipo de parejas tóxicas, y finalmente para poder darnos la vida que merecemos, una en que seamos felices y conscientes de los porqués de esa felicidad, para entonces poder saber que el amor que en nuestra relación tenemos es verdadero porque no lastima ni menosprecia nuestras capacidades, gustos y valores.

Última parte.

En la vida, la meta más grande es llegar a ser feliz, reconocer el camino del presente como único, gradualmente nos conducirá a encontrarnos en nuestro rumbo en el que forzosamente encontraremos el o los motivos de nuestra felicidad, como amar y ser amados, para finalmente algún día conocer el amor más grande de todos, el cual se encuentra en el amor propio y en la luz que es la vida misma de la que provenimos, la cual solo habita en el presente.

A diario las personas que se embarcan en la búsqueda de su pareja de vida se hacen a la idea de cómo les gustaría que esa persona fuera, pero lo malo surge porque cuando la falta de igualdad entre ideal y realidad nos confronta con lo que queremos y lo que en verdad tenemos, a su vez con esto es fácil que gradualmente creemos estados de insatisfacción por no querer ver la verdad que representa a esa persona, más que nada por debilidad y por sostener una esperanza la cual en ocasiones se basa en ideas excesivas, el amor real se nos enseña como algo que se debe de manifestar con temores e ideales en cada posible ocasión de su conducta, por lo que es de lo más normal y aceptable socialmente el celar a la pareja, pero el amor es irreal cuando este está cimentado en lo excesivo y, porque el amor real es aquel que se cimienta con cantidades controlables de miedo y de esperanza, ya que la falta total de estos ingredientes deshumaniza y evoca la estadía excesiva de lo contrario que es la infelicidad, y vista desde un estado maníaco, se vuelve en un motivante para darle rienda suelta a todo lo que se piense y quiera hacer, pues dicha felicidad extrema recrea falsamente un estado conductual en que todo cuanto se haga solo atraerá la felicidad, aun cuando fuera hacer algo malo, por eso es que en definitiva debe haber un equilibrio, y así es que me doy cuenta de que el amor a la vida como a las personas y a nuestra pareja es puro solo cuando evitamos la represión de nuestras emociones, cuando intentamos reprimirlas, las energías que de ellas emanan se vuelven tediosas, complicadas, problemáticas, y así mismo degeneran la vida en todo aspecto, por consiguiente si te niegas la expresión de tus emociones por creerlas impuras o innecesarias, estarás creando un cerco alrededor de esa supuesta impureza, la cual proviene de ti, porque no es en sí impuro el acto de expresar las emociones, sino más bien la creencia de imponer como malo algo que es natural, Dios mismo nos ama tanto al igual que el amor que se tiene a sí mismo quien es libre que por eso nos dio libre albedrío, porque la esclavitud se basa en el poder de la posesión sobre algo o alguien y a su vez esta indica muchas limitantes las cuales solo indican una capacidad de ser felices en cuestión del poder de control y adquisición y está a su vez conlleva a la necesidad de depender y de hacer dependiente a algo o alguien, y esa dependencia indica apego, lo que inminentemente llevará a una vida llena de actos de odio y autodestrucción, encubiertos de un falso amor el cual se justificará en la posesión y en hacer de esclavo o esclavista.

No puedo negar que el pretender revivir esa o esas vivencias que en su momento fueron hermosas, ha de ser algo especial, pero no siendo inmaduro, debo aceptar que hay que hacer un balance entre costos y beneficios sobre lo que realmente se gana y se pierde al siquiera pensar en vivir la vida así, para lo que hay que saber entonces que no debemos dar pasos de cangrejo ni debemos dar por sentado como único y más importante lo que sabes y lo que has sentido, hacer caso omiso implica quedarse a vivir en el pasado y definitivamente impide ver como real el presente, entonces para quien si decida mejor vivir en un mundo del pasado el cual está formado de ideas sin cuerpo ni la capacidad de crear cosas nuevas, para esa o esas personas la frustración llegará desde un presente irreal para quien se está acostumbrando a vivir en el ayer, pero tu cuerpo te recordará constantemente con algún dolor específico que es más real el hoy que el ayer y que en definitiva, mente y cuerpo no están actuando en equipo ni en pro del bienestar propio, por lo que tendrás que darte cuenta de que vivir pensando que el sentir se encuentra en repetir lo ya vivido sólo te atraerá confusión, ansiedad, insatisfacción y mucha compulsividad obsesiva, lo que te llevará a querer repetir algo que ya pasó como único medio por el cual estableces el placer de vivir, pero sin querer aceptar que el cuerpo en su totalidad necesita del ser completo el cual solo vive en el presente para poder sentir y expresar lo necesario, para darse cuenta entonces de que el pasado por más placentero que haya sido no significa que no existan posibles vivencias de más valor en el presente.

Lo que me lleva a establecer mi realidad en una relación de pareja que ya no existe más, y para las personas que crean que el volver con su pareja es una buena manera de revivir los momentos hermosos que entre ellos vivieron es posible, les tengo una noticia, el único camino para darse cuenta de si es posible el volver a vivir de manera positiva, pacífica y conveniente con esa persona que en la anterior vez no funcionó, simplemente deberás fijarte en que el cambio que deba haber tenido él o ella sea uno que se note con actos más que con el clásico, "es que ya cambié, te juro que ya no soy la misma persona", pero por principio de cuentas tuvieron que decir lo que se debe demostrar con actos y no con palabras, porque quien está acostumbrado a solucionar sus negatividades a base de palabras, es quien prefiere vivir en el mundo de las ideas donde solo habitan las personas obsesivas de su pasado y a su vez quienes del cambio nada saben puesto que para eso sería necesario continuar en el aquí y ahora constantemente porque la fuerza de cambio positivo solamente la trae consigo a todo momento el presente, el pasado solo trae consigo lo que ya se vivió en él, y eso significa que su actuar siempre será lo mismo sin poder de cambio alguno en lo positivo, entonces pon en la balanza de costos y beneficios a esa persona que desea volver a tu lado con la excusa de que ya cambió, date cuenta de que nada es más real que el presente, el pasado ya no existe más que en tus ideales, los cuales están formados de vivencias sobre cosas que ya no existen más que en tus recuerdos, y esos el único cambio que traen para quienes se obsesionan con el pasado y por ende por no cambiar lo que haya que cambiar, su único cambio sea de malo a peor, entonces si resulta que sí existe cambio positivo y decides volver con esa persona, te recomiendo empezar la relación de la manera más honesta que existe, la cual es a través de un diálogo con el que establezcan sus obligaciones y sus derechos, ni más tú ni menos yo, lo justo y lo viable, estarán entonces de acuerdo en que tampoco serán el amo del otro y por lo tanto estarán dispuestos a conllevar y compartir las amistades del otro como propias sin escogerle las amistades a la pareja, sin pretender que solo salgas a pasear conmigo y nunca sin mí, entonces sabrán que siguen siendo libres, entonces podrán vivir una vida de estabilidad en el aspecto social, decidirán también el que ambos colaboren de los quehaceres domésticos y de igual manera de la contribución de los dineros, la manera de vestir será opción elegir solo a cada quien y no pretenderán vivir una vida basada en la clásica mentira patológica de "hasta que la muerte los separe", porque la vida trae consigo a diario cosas nuevas y mejores, entonces sabrán que si eligen seguir siendo felices sin repetir negatividades socio religiosas, deberán escoger ser libres de toda tradición patológica, la cual establezca que aún bajo el maltrato deban seguir siendo pareja, quedando establecido entonces que desde ahora la regla a seguir será que serán pareja hasta el momento en que las conveniencias sean inconvenientes, y que en ese caso la separación sea una realidad de la cual no afecte más de lo necesario, y claro está que no se trata de que a cada momento estén tratando de controlar el que lo que doy sea igual a lo que recibo, pero si deberá de existir el hábito de la reciprocidad empática y un cierto parecido en cuestión de cantidad y calidad de lo que doy con lo que debo de recibir a cambio.

Conclusión.

Si siembras un manzano, ¿será normal esperar limones?
En el amor es igual, porque es de lo más normal que a cambio de
tus demostraciones de afecto no solo esperes que te den lo
mismo, sino que es opción de cada quien ejercer su derecho a
exigir lo que es justo, y, ¿si obtienes lo contrario?, ¿será lógico y
justo pretender seguir con dicha persona?

El espejo nos muestra siempre la realidad de eso que se para ante él, lo cual es un ideal, el cual se ha ido formando a través del tiempo y de todo eso que nos motiva, más que nada de parte de nuestra educación, el espejo se forma en cada quien a través de un análisis sobre lo que realmente somos, y a través de su reflejo se descubre entonces todo eso que tenemos de bueno, de malo y de real, se descubre también todo lo que solo es una idea excesiva, lo que nos sitúa desde un ángulo de lo consciente con el poder de saber que para que una pareja funcione, tiene que estar fomentada por intereses en común, proyectos, ilusiones, esperanzas compartidas, y aunque el sexo es muy importante, solo es una parte y no todo lo que se necesita para que una pareja funcione, ¡porque, amor es saberse amar y dar amor, como el permitir que la persona amada se ame a sí misma, así mismo también nos muestra una realidad que dicta a cada momento el que la vida es un viaje en el que a cada momento tomamos decisiones de gran importancia, tanto como para ser o no felices, así mismo es que incluimos en nuestro viaje a muchas personas, algunas de ellas solo están de paso, otras no tanto, algunas vienen a motivarnos y otras a lo contrario, escoger el camino de la negación donde evitamos el dolor de afrontar las consecuencias de nuestras decisiones solo nos aleja de la solución a nuestros problemas, y eso a la larga agranda la negatividad en nosotros, aceptar que aun de lo malo podemos sacar provecho es signo de un inminente aprendizaje con el cual obtendremos un crecimiento con el que podremos en un futuro no repetir las mismas conductas nocivas que en el pasado sí cometimos, pero desgraciadamente somos una generación de adultos los cuales estamos educados en base al antiguo paradigma, y vamos por la vida sin darnos cuenta totalmente de que eso representa el no estar muy acordes a las necesidades actuales de todo tipo, en la que algunas personas padecen del síndrome del rescatador y para otras personas del que necesita ser rescatado, de ahí sobresale la realidad de que definitivamente todas o la gran mayoría de las personas aman las historias en las que un príncipe azul rescata a su princesa porque muy en el fondo tenemos muy arraigadas las viejas costumbres que tratan sobre la supremacía masculina sobre la femenina, porque de alguna manera suena muy romántica la idea de que algún día encontremos a esa pareja tan deseada y tan ideal de la que nos hablaron los cuentos de Disney y parte de la educación que nos dieron nuestros padres y nuestra sociedad, pero no puedo negar que la realidad dista mucho de ser así, veo entonces que existe la necesidad imperante de ser tan realistas como deba serse, y que eso de ser rescatador nato o alguien con la necesidad de ser rescatado no funciona más que en los cuentos, porque aquí en la realidad las desavenencias medibles como la calabaza del cuento que se convierte en limosina no es factible, aquí en la realidad se necesita estar con los pies bien puestos en la tierra y ver todo tal cual es de tal manera que no andemos buscando a quién rescatar ni ser rescatados, por eso es que creo que el matrimonio no es para todas las personas, pero creo que funciona para quienes realmente buscan compartir su todo con alguien que también tenga la misma ilusión por la vida, y que vean en la oportunidad de ser pareja de alguien más el o los crecimientos más grandes de su vida, para esto me planteo algunas preguntas, y la primera será, ¿Qué quieren las personas que aman bien, una persona que les acompañe a vivir la vida, en las buenas y en las malas o solamente quieren a alguien que solvente sus necesidades sexuales, de salud, económicas y caseras?

Esto de formar una familia, es para personas valientes que no solo se deseen aventurar en una relación que solo este motivada por lo sexual, por lo económico y por el apoyo en casa, no, el matrimonio debe ser una unión que esté motivada por algo más hermoso como el tener las mismas metas, el mismo ímpetu de vivir la vida por los mismos caminos, ambos y de la mano, no cada quien por su lado como quienes están unidos por motivantes banales y que hasta que les deja de convenir en lo banal sea que se separan cuando ya se vean satisfechos, debe ser una unión que se decida conscientemente entre esas dos personas que se piensan unir en un voto de amor con libertad, sin dependencias, sin apegos, sin más obligaciones y derechos para ella o para él, con un equilibrio que empiece en lo personal, con un amor por la vida que permita ser honesto y justo, con miras al futuro en el que si se dejaran de amar, simplemente lo aceptaran tal cual es y no pretenderán abogar por la ley más desprovista de amor y de todo lo justo en esta vida, la cual es esa que dicta que el matrimonio es hasta que la muerte les separe, una de las cosas que genera a las parejas sin amor es la falta de conocimiento, la falta de apoyo por parte de la familia y demás personas allegadas, la falta de aceptación entre iguales como igual y la falta de una correcta educación llevan a dichas personas que están envueltas en una vida desprovista de los afectos mínimos a crearse un estilo de vida con tintes negativistas en el cual recrean las maneras en que han sido educados y tratados, al socializar con personas que le recreen el estado de negatividad en que se está acostumbrado a vivir, lo que gradualmente es de esperarse que estas personas generen estadios emocionales y conductuales basados en el miedo el cual los lleve a actuar con temor, el temor genera conductas donde el resultado siempre será de insatisfacción y por consiguiente eso lleva a la ira, lo que gradualmente lleva a actos de autodestrucción y violencia, lo que te lleva inminentemente a la tristeza, el resultado de una constante tristeza es la depresión y lo consiguiente es vivir una vida basada en el miedo, de aquí desprendo el hecho de que todos y todas llegamos a este mundo desprovistos de la capacidad de supervivencia y por eso es de lo más normal el que tengamos a la edad de nuestra infancia una necesidad excesiva de cuidados repletos de afecto, y ya que cuando no podemos ni caminar no podemos más que recostarnos sobre nuestra espalda y hacer unos cuantos ruidos como señales de alerta de que necesitamos algo, es que sea de lo más normal el que los tratos repletos de apego de nuestra madre, sea lo que logra no solo que nos cuide, sino que se cubran las necesidades que todo bebe y recién nacido requiere para su supervivencia, con el tiempo aprendemos a usar específicamente los sonidos, de tal manera que cierto sonido ya sabe nuestra madre que es por algo en específico, como que tenemos hambre, que nos limpien, que nos duerman o que simplemente nos den muestras de cariño, pasa más el tiempo y crece tanto el niño que nuestros padres nos empiezan a dar responsabilidades acordes a nuestra edad, entonces nuestra psique se auto-motivará a encontrar formas de ser más acordes a la edad, y es gracias a esa confianza de ser y hacer que nuestros padres nos dan, que gradualmente empezamos a madurar con las respectivas limitantes cognitivas y físicas de la edad, y es gracias a esa autonomía que nuestros padres nos brindan que lo que antes era un berrinche con el fin de conseguir algo, ya de más grandes se empiece a convertir en vocalizaciones razonadas sobre lo que se necesita de algo o alguien, pero sí nuestros padres se han empeñado en mantenernos dentro de una burbuja de cristal con sus cuidados de afecto excesivo, sea de lo más normal que las conductas de niño se queden arraigadas al cuerpo que ahora puede ser joven o adulto, debido a que los padres aún no dan su permiso para que dicha persona se valga por sí misma, por temor a que le pase algo muy malo, y es por eso que sea de lo más normal que dicha persona sobreprotegida actúe de manera tan infantil e inclusivamente con violencia ante las demás personas que no le sigan el paso, debido a que no se ha roto el apego de padres e hijos que se debe dar solamente a los hijos muy pequeños donde dicha forma de afecto excesivo da a entender a la persona sobreprotegida que se le sigue tratando así porque definitivamente es merecedor de dicho trato, es entonces que las personas con este tipo de problemas conductuales tengan que aprender a las malas y me refiero a que lo que en su momento de infancia no aprendieron por la educación de los padres, en este momento y gracias a la confrontación de su mala educación con los requerimientos de la realidad, sea entonces que aprendan a base de tener problemas personales, de pareja y con cualquier tipo de persona allegada, ya estando en una relación de pareja y con este aprendizaje empezamos a darnos cuenta de las formas tan diversas de sobre cómo realmente se trataban nuestros padres entre sí, y es por eso que por amor y respeto a ellos llegamos a desear desde muy niños que cuando seamos grandes o más bien dicho adultos podamos compartir nuestra vida con otra persona de manera igual o parecida forma a como lo hacen nuestros padres, con la diferencia de que también pensamos que nuestra relación de pareja será mejor que la de ellos y que por eso es que no tendremos los problemas que ellos han tenido, no nos damos cuenta de que aun las personas más importantes para nosotros también son capaces de equivocarse y que por lo tanto algunas de sus formas de conducirse con su pareja, definitivamente son de lo más incorrectas, pero no todo está perdido, ya que dicha incapacidad de poder ver y aceptar esas enseñanzas de nuestros padres como lo negativas que son, es parte de la inmadurez que conlleva el ser niño, después adolescente, luego joven y ahora cuando ya estemos entrados en la edad de los 21 años, no podrá haber negación alguna de que nuestra capacidad cognitiva sea incapaz de poder ver la realidad de lo bueno y lo que es malo en nuestros padres, porque ahora tendremos como saber si somos originales o simplemente repetimos patrones conductuales, partiendo de esto sé que la relación de pareja es similar a cuando nos vemos en el espejo, en el cual ante dicha obviedad no podemos rehuir de cómo es que realmente nos vemos, y en la relación de pareja podemos ver claramente cómo es que conductas negativas y hasta tóxicas de nuestros padres se repiten en esta nueva unión, vemos incluso a grandes rasgos como es que existen muchas similitudes entre el cómo se comportan los suegros entre ellos y muchas de esas conductas inconscientemente las repite la esposa o esposo, en todas esas conductas ya sean de patrones repetidos o no, también podemos ver como reaccionamos ante dichas conductas de nuestra pareja que no consecuenten a las nuestras, y cuando alcanzamos nuestra máxima resistencia a la tolerancia de dichas conductas contrarias, es cuando realmente vemos nuestra mayor capacidad de seres humanos de tipo violento o racional, y si el caso es que somos más violentos que racionales, entonces y si es que así lo elegimos podremos entonces decidir si escogemos hacer un cambio o preferimos quedarnos a vivir con la creencia negativa de que no somos nosotros quienes debemos cambiar sino que es nuestra pareja la que nos motiva a ser así y que por lo tanto ella es la culpable de todos nuestros problemas de pareja, pero para todas esas personas que deciden seguir proyectando lo propio, será entonces que a ellos y ellas solo el tiempo, las peleas, los daños físicos y emocionales ocasionados, y definitivamente es el divorcio lo que a muchas personas incapaces de ver sus culpas las cuales en su momento han decidido que es mejor proyectar lo propio, para luego ya con el tiempo y mucha negatividad de por medio decidan por sí mismos mejor entrar en razón, y aun cuando se crea que ya por estar sin esa persona es demasiado tarde para cambiar, definitivamente es incorrecto decir y pensar eso, ya que el que esa persona no esté más a nuestro lado no significa que no podremos volver a compartir nuestros afectos ya sea con la misma persona o con otra, realmente la estadía en pareja solo se vuelve un problema en el momento en que ambas partes solo ven en su pareja al culpable de todas las situaciones que a los dos les han sucedido, no se dan cuenta de que en pareja fue que se crearon los porqués de tantas diferencias, discusiones y peleas de todo tipo, y será necesario para poder resolver las problemáticas que cada quien tome de cada problema lo que le corresponda como propio sí es que es así, y si el orgullo es demasiado grande, entonces serán capaces de llegar hasta las últimas consecuencias, es allí donde todas estas personas conocen el dolor de una posible separación, dependiendo de si ambos siguen en desacuerdo, y prefieren seguir echando culpas sin aceptar que la única forma de resolver lo que se creó en pareja, es precisamente en pareja, pero he visto infinidad de veces como es que prefieren hacer caso omiso de una posible resolución y entonces si optan mejor por el divorcio definitivo, desgraciadamente solo sí es que este tipo de personas inmaduras logran ver el cuadro completo de lo que fue y pudo haber sido su relación, pero eso desgraciadamente lo logran hasta que ya es demasiado tarde, pero no todo se ha perdido eso es una realidad, puesto que es en este punto de confrontar las realidades con los posibles ideales que nuestra forma de amar se torna más realista, más humana, mas adulta, más real y más positiva, es en este punto de nuestras vidas que quienes pasen por este camino de las relaciones tóxicas que solo así puedan visualizar una forma de amar sin tanta dependencia al sexo, a la conveniencia económica, al atractivo visual o a cualquier ganancia secundaria de tipo excesivo que nos brinde nuestra próxima pareja, porque realmente todas estas formas enfermizas de amar son solo repeticiones de los apegos que en la infancia nos procuraban un existir, y es exacto a todo lo que aprendimos de la pareja anterior que podemos situarnos ahora desde un ángulo en que ya empezamos a pensar más claramente sobre que es exacto lo qué buscamos en esa otra persona.

Yo creo que Disney es uno de tantos culpables de todas las relaciones fallidas y repletas de todo tipo de violencia, debido a que siempre en sus caricaturas muestran un falso ideal repetitivo y obsesivo sobre cómo debe de ser el modelo a seguir del hombre perfecto y de la mujer perfecta, donde a cada uno lo sitúan desde un ángulo muy específico, para empezar, a la mujer siempre la muestran sumisa, en una torre encantada la cual está custodiada por un dragón o demás personajes malvados, lo cual indica que debe ser rescatada, y no por cualquier personaje, sino por un príncipe azul, con mucha riqueza, con mucha belleza física y que sea un rescatador nato, súper valiente y el doble de fuerte, es de esperarse entonces que todas esas generaciones las cuales crecieron viendo esas caricaturas se hayan hecho a la idea de que si eres mujer debes ser sumisa y si es que deseas conocer a tu príncipe azul entonces debes estar en una situación en la cual debas de ser rescatada, y que quien las rescate deba ser igual al príncipe azul, súper guapo, con muchísimo dinero, muy muy muy fuerte y que sea todo un rescatador patológico, pero qué clase de amor puede brindar quien solo sabe depender, a quien solo sabe hacerse valer mediante su cantidad de dinero y demás atributos físicos, ¿qué pasaría entonces cuando con el paso del tiempo todo esto llegara a disminuir o a desaparecer totalmente?, ¿qué pasaría con la princesa cuando el mismo tiempo le recuerde que nada es para siempre y que por tanto su belleza de cuando era joven, ahora en la vejez ya no puede ser la misma?, ¿de qué se podrían seguir motivando estas dos personas si su motivación ya no existe?

Este tipo de relaciones llega a ser enfermiza debido a que impide el crecimiento propio, y a las personas que toman parte de este tipo de relación afectiva tóxica se diferencian de las demás personas que no lo son porque siempre exigen incondicionalidad, y consecuentemente las personas dentro de una relación con estas características, le impiden a su pareja el que tenga amistades, que trabajen, y por consiguiente a cada momento les están marcando a su teléfono para saber ¿dónde realmente están?, ¿con quién están?, ¿qué están haciendo?, ¿qué tipo de ropa traen puesta?, y en ocasiones más extremas tienden a pedirles que le pasen el teléfono a quien esté con ellos o ellas para constatar paranoicamente que lo que dicen es verdad, pero llega un momento en que aun cuando le pasen el teléfono a la persona que esté cercas, no le crean e incluso tiendan a acosar a esa persona también, con esta situación es de lo más normal el que la persona que sea sumisa sí sigue permitiendo dicho acoso, tarde o temprano se convierta en esclava de la persona que funge como esclavista que es quien domina, acosa y violenta, que viene siendo quien funge como la persona rescatadora, y en ocasiones este papel del rescatador y de la persona sumisa se intercambia, por lo que es de lo más normal el que en ocasiones sea el hombre o la mujer que esté bajo el yugo del rescatador y que dé misma forma que antes él o ella eran la parte sumisa, en esta ocasión quien es el esclavo o la esclava cambia de persona, por eso es que sí tus motivaciones están basadas en cosas que el tiempo no mantenga, y que son irreales, será de lo más normal que dicho condicionamiento afectivo te lleven a darte cuenta de la peor manera que todo ocurre en un momento y en un lugar dependiendo de las motivaciones, (**relatividad**), porque tu actuar a través de cada situación se convierte en el actuar a través de tu existir, tu forma de actuar a través del pasado predestina la forma en que actuarás en tu presente, estar lo más consciente de esto te creará una capacidad única que constantemente te ayudará a renovar tu capacidad de ser dependiendo de cómo actuaste anteriormente, el secreto está en aprender a comprender lo ya vivido, para saber y aceptar cada una de tus capacidades y de tus límites, y que el cambio de lo necesario reside en aceptarse tal cual se es para darse cuenta de todo lo que haya que cambiar y que en el trayecto que es la vida te des permiso a la expresión de tus emociones, y esto gradualmente te acercará a encontrar la respuesta correcta a todos tus problemas y al camino más acertado hacia tu destino, por esto y más es que fundamento mi escrito desde el punto de vista de la experiencia que mi niñez, mi matrimonio pasado me dejó, y de igual manera lo refuerzo con la experiencia que en la práctica clínica he adquirido con todos los casos vistos en terapia, referente a todos mis pacientes los cuales padecen de un problema de relación interpersonal afectivo, los cuales son el 98% de todos mis pacientes, y por eso es que me atrevo a decir que no estamos educados para amar, sino para esperar que alguien más nos ame y de misma forma dependiente nos dé, el amor maternal y paternal que inconscientemente no hemos sabido translaborar y que por obvias razones es de lo más normal que no lo tengamos en nosotros mismos/as, también el que las personas en su mayoría creen inconscientemente en que querer es más que suficiente para que las personas nos amen, que uno de los aspectos más importantes es que no estamos educados para comunicarnos correctamente con las personas, y definitivamente el aspecto más dañino de todos es que las reglas socio-religiosas bajo las que se establecen las reglas de convivencia y casamiento de la mayoría de las religiones y culturas, se establecen desde un ángulo de lo extremista, porque dichas reglas no permiten ver al amor de pareja fuera del matrimonio con todo lo que le signifique, por miedo a un poder mesiánico, el cual promete castigar a quien infrinja dichas leyes extremistas con la adquisición de un pecado en su haber por dicha conducta en contra de las reglas socio-religiosas, otra de las cosas con que amenazan dichas reglas es con que el matrimonio solo debe ser una sola y exclusiva vez en la vida, y que uno debe estar con dicha persona aun en contra de la inconveniencia propia y aun sin importar que el equilibrio físico y emocional estén de por medio, visto desde este ángulo puedo establecer que por esto es que desde el comienzo de este escrito vengo mostrando algunas características de lo que es correcto y esperable en una relación de pareja, con esto no pretendo afirmar el que toda relación de pareja está destinada al fracaso, sino que deseo establecer un comienzo más realista desde el punto de vista de que si aprendemos a superar la educación que nuestros padres nos dieron cambiando todo lo malo de ella por conductas más adecuadas y a la vez también dejamos de aferrarnos a lo que nos dictan las reglas socio-religiosas, entonces y solo así sea posible que estemos encaminados a vivir la vida en lo personal y en pareja de una manera más saludable, y no obstante también remarco el hecho innegable de que nuestra cultura hace a cada oportunidad una apología del amor, la cual se fundamenta en algo así como que solo es amor el que me dan, cuando es incondicional, en otras palabras sin condición alguna, y se supone que dicho amor tiene que ser provisto desde lo más profundo de nuestro corazón, cuando lo que se sabe del corazón no es que posea sentimiento alguno sino solamente la capacidad de bombear sangre al cuerpo, y en definitiva si fuera cierto que el amor es solo basado en los sentimientos, simplemente y desde ese ángulo tan falto de razonamiento sería imposible entonces que existieran divorcios, o hijos sin padres, y eso sí que existiera entonces un enorme problema a nivel mundial de infinidad de situaciones aberrantes, suicidios y asesinatos cometidos en nombre del amor, por lo mismo es que estarían repletas las cárceles de todo el mundo debido a este agravante, en definitiva todo amor que se base en dicha sentimentalidad absolutista y sin razón alguna, será de misma forma que sea como un cuerpo sin cabeza y por tanto sin rumbo alguno más que el de la negatividad en todo su esplendor, porque para poder fomentarnos una vida en equilibrio hay que empezar por ser pensantes en el amor propio, para poder ser buenos amantes y ser amados también, porque el equilibrio de un buen amor se encuentra a medio camino entre razón y emoción, porque si fuéramos como las plantas que no razonan y de amor nada saben, entonces estaríamos igual de estáticos que ellas, pero si procuramos nuestra capacidad de razonamiento y sí tenemos no solo la capacidad de amar o de amarnos sino de también aprender como razonablemente escoger a quién amar, y sí es que nos convenga la forma, la cantidad y sobre todo la calidad de afecto que se nos brinde, entonces tendremos más garantías de una mejor vida al lado de dicha persona, y con esto no solo sabremos que nos conviene estar a su lado, sino también estaremos prestos a que en cualquier momento se dé por terminada dicha relación, y no por ser pesimistas, sino más bien por no pretender que dicha relación se asemeje a lo que dictan las reglas socio-religiosas, las cuales dictaminan que toda relación de pareja debe ser hasta que la muerte los separe, pero, para conservar y procurar una salud mental y física dentro de la

111

pareja y más que nada personal, es de mucha importancia el que se empiece dicha relación sabiendo que nada es para siempre y que nada vale la vida de alguien más, por lo que dicha relación debe estar fundamentada en un saberse como pareja, pero hasta que a ambos les deje de convenir, por salud mental y física, con el fin de no estar anclados a esa persona como si fuera un salvavidas, y una única forma de entrar al cielo de los abuelos, y ya con dicho conocimiento sabremos como las personas que saben nadar, simple y sencillamente el no depender de nadie, porque al igual que un buen nadador sabe flotar y sabe nadar por sí mismo, por eso es que quien sabe amar y ser amado, entonces sabrá hasta donde permitirse y permitirle a esa otra persona el que esté a su lado, por obvias conveniencias de afectos, de corporalidad, de entrega total, y de esta manera se pueda dar conscientemente y de manera saludable dicha relación y si se diera el caso de la relación de pareja que llegue a su fin, y aquí es cuando me pregunto, ¿realmente somos nosotros quienes sufrimos nuestras pérdidas? En ocasiones nos pasa que sufrimos por algo, y ese algo parece no tener fin, ni solución alguna, hay que saber entonces que para esos momentos en que por dentro y por fuera estemos rotos, hartos del pasado, desesperados del futuro, ansiosos, depresivos o iracundos, solo sé que tenemos el derecho y la obligación de ser coherentemente lo que dicte nuestro sentir, nuestra mente y cuerpo gradualmente nos lo agradecerán. Porque ser feliz o ser fuertes no siempre es la mejor opción ni la respuesta a todo, en ocasiones ser lo que dicte nuestra parte emocional es lo correcto, es lo justo y necesario, es lo mejor, y así es que tarde o temprano nos damos cuenta de que ese algo no es tan importante como en algún momento lo sentimos, por esto y más es de suma importancia el que nuestras emociones encuentren la mayoría del tiempo una sana expresión, porque ¿se imaginan como reaccionaría un niño ante un encierro total?, pues es exacto lo que nos provoca ese sufrimiento sin control, es nuestro niño interno que nos avisa cuando ha llegado a sus límites, es ese momento en que él nos pide a gritos que lo atendamos, ese niño vive en todos, ese niño es nuestro niño interno, es aquel pequeñín que de niños éramos, y que en determinado momento creímos dejar de serlo, por las presiones sociales, por seguir etiquetas, y lo más triste por repetir patrones conductuales de alguien más, pero la cuestión es dejar que de vez en cuando ese niño actúe en nuestras vidas, desde un ángulo de nuestra adultez, desde ese ángulo en que el padre y la madre de dicho niño le habrían enseñado en su momento lo que está bien y lo que no, de misma manera nosotros también podemos aprovechar a nuestro favor cada situación que pase en nuestra vida con el fin de auto-enseñarnos, y con eso hacernos más fuertes, y con eso superar cualquier cosa, porque quien ama a su niño interno, aprende lo que es un amor de verdad, porque de amor estamos hechos, amor somos y amar es nuestra mayor capacidad y mejor don, y ese día en que atendí a mi niño interior, nació mi inteligencia emocional, con esto estuve presto a saber que con una cucharada de amor propio, una pisca de fe en nosotros mismos, algo de tranquilidad, algo de esperanza, algo de aventura, revolvemos y untamos en un pan de auto-dependencia y así es como se hace una vida feliz, porque es verdad que todos y todas tenemos el gran poder de ser felices en nuestras vidas pero hasta que nos damos cuenta de que la vida se vive un día a la vez, hasta entonces comprenderemos que al igual que la vida, también sus interrogantes y dificultades se deben responder y solucionar un día a la vez, porque todo por cuanto luchemos podremos superar, pero para que esto sea posible, es necesario aceptar el que todas las personas en absoluto nos motivan a ser buenas personas o malas personas, por eso es que mi verdadera personalidad solo la conocerás después de que recíprocamente intercambiemos un sinfín de vivencias, y solo si existe la convicción de continuidad, solo entonces veras mi yo verdadero, por eso es que mientras se da ese acercamiento interno de todo lo que soy y de todo lo que eres sea de lo más normal que la relación cualesquiera que se tenga se base en lo superficial y que por el momento solo veas lo que tú motives en mí, aunado a esto puedo decir entonces que nadie debe en absoluto esperar a desenamorarse sin superar primero los miedos que se esconden detrás de la falta de afectos a los que se está acostumbrado recibir de la pareja a quien se pretende dejar, entonces, resolver la inminente falta de dichos afectos es sin duda el tener que confrontar realidades que te lleven a visualizarte en el futuro sin esa persona, y uno se tendrá que dar cuenta de que dicho lugar sin esa persona será un panorama desolador al que todavía no se está acostumbrado debido de las tantas experiencias a su lado y más que nada de lo que quedó inconcluso, porque en él no estará la persona que por principio de cuentas eras motivada/o a ser, debido a la esencia de su personalidad, y es razonable entonces el darse cuenta sobre que en ese futuro no se encontrará posibilidad alguna de cerrar los ciclos de metas que quedaron inconclusas de la manera en que tenías pensado hacerlo al lado de esa persona, por esto es que sé que está bien lamentarse porque haya terminado tu relación, ya que era y aún sigue siendo algo que tiene mucho valor para ti, ya que en toda relación siempre se viven grandes experiencias y aventuras inolvidables, por eso sé que es de lo más normal estar triste debido a tan grande perdida porque sabes que ya no estarás con esa persona, por esto sé de antemano que el camino de la felicidad en que cada quien se tenga que adentrar, tendrá muchos baches, muchas partes escabrosas y hasta dolorosas, pero también sé que todo obstáculo podrá ser vencido no importando su tamaño ni su dificultad, sé también que en ocasiones muy repetidas llegará el deseo con todo el amor propio de volver a ver a quien tanto amé y sé que me amo, pero irremediablemente sé que el intentar volver a relacionarme con quien por principio de cuentas no lucha a la par conmigo por la misma meta, en ese caso es más que obvio el que no valga la pena transpirar una sola gota de sudor por intentar lo que desde antes de empezar ya está perdido, y para los que sufren de adicción emocional, es bueno hacer notar que dicho estado del cuerpo y la mente, tienen la capacidad de alterar el estado de ánimo y físico, este tipo de personas con el tiempo generan intolerancia al buen trato con el fin de seguir perpetrando el estilo negativo de vida al que están acostumbrados/as, la adicción afectiva gradualmente si no es atendida por un Psicólogo, esta gradualmente podrá acarrear a la adquisición de adicciones como la adicción a la comida, al alcohol, drogas y aunque parezca extraño este tipo de adictos emocionales también se vuelven adictos a situaciones como propiciar conductas en ellos y en quienes les rodeen con el fin de que le lleven a estar enojado/a, a vivir una vida con sufrimiento, con culpa, faltos de alegría, alegría irreal o enfermiza y tristeza constante, y estas personas realmente no sufren por la realidad que les rodea sino por su necesidad de preservar dicho estilo de vida mediante la creación de percepciones incorrectas, por eso es que los deseos, los pensamientos, la voluntad y sus intenciones están enfermos y todo esto genera un estilo de vida negativo auto-destructivo, este tipo de personas realmente están enfermos del alma, la mayoría de estas personas presentan estos rasgos conductuales debido a situaciones hereditarias o porque en su trayecto de vida han sido personas que desde su infancia y debido al apego excesivo de sus padres y de quienes les rodearon les llevó a gradualmente no poder cerrar cada ciclo de su vida infantil y por lo mismo sea que el estar en esa burbuja de cristal donde se supone están súper protegidos por quienes les rodean el que sea esperable que en el trayecto de su crecimiento no aprendieran a destacar en cosas positivas como el estudio o el trato social con sus iguales, lo que gradualmente les empuja inminentemente a socializar de la única forma en que si son buenos, que es de manera negativa con personas que tienden al mismo estilo de vida, debido a que dicho estilo negativista auto-destructivo refuerza la existencia del círculo social que lo conforma, otra de las causas para estos males se dicta desde una posible carencia afectiva que le da a entender a las personas que desde niños tuvieron carencias afectivas, en ejemplo a seguir de quienes más amamos en nuestras vidas, (nuestros padres).

Un buen amor de pareja es aquel en el que poco a poco se construyen afectos recíprocos, basados en la emotividad de dos que se procuran mutuamente, es más como una colaboración entre dos personas no con las mismas metas pero sí con la mayoría de ellas, y que lo que casualmente se cree que es similar a una meta la cual se pretende solo disfrutar en su culminación, no, el amor es un rumbo que nos enseña a cada día como disfrutar lo que el presente nos traiga dejando de lado lo menos importante que es el pasado y haciendo a un lado lo que ni siquiera existe que es el futuro, porque lo único importante es el aquí y el ahora que solo representa el presente el cual es todo el viaje que es la vida, o al menos lo que toque vivir al lado de esa persona, para entonces con este conocimiento poder aceptar el que las situaciones negativas en nuestra vida no han llegado a nosotros con el fin de en el momento que más nos plazca sean olvidadas, sino elaboradas para luego aprender algo de ellas y así poder ser mejores personas, con el fin máximo de no volver a cometer los mismos errores, porque quien solo olvida su pasado, tarde o temprano lo vuelve a repetir.

Un estilo de vida negativista conduce a generar el matrimonio con alguien que no les ame, y a que dichas personas les motiven a felizmente el aceptar un mal vivir como algo de lo más normal, citando al Dr. Hermes Eloy, él dice en su conferencia sobre adicciones que "somos entidades espirituales viviendo una experiencia física y como tal es que la cura a todos nuestros males reside en aprender a despertar nuestra consciencia mediante actos de humildad y la fe", porque con la humildad generamos la capacidad de aceptar nuestros defectos, nuestras culpas, nuestros límites, nuestras capacidades, y todo don creador de estabilidad, y es entonces que solo con actos de fe tenemos la capacidad de propiciarnos un actuar en pro de nuestro equilibrio mental y físico, sé por esto que he aprendido, que la vida la escojo vivir con alguien más sí es que es mi destino, pero indudablemente sé que lo forjare desde este momento con el conocimiento de que ahora estoy consciente de lo que quiero en la vida, y sé que todo eso que deseo tanto, gira entorno a mi bienestar personal en todo momento, por ende entonces es obvio que mi deber es procurar todo lo bueno en mi vida, todo lo que atraiga luz y positividad, porque sé que mi poder más grande es decidir cómo cuándo y dónde ser feliz, y decido serlo desde ahora, pase lo que pase en este hermoso día, debes saber que con el dolor ocasionado por cualquier tipo de pérdida y en este caso la pérdida de una pareja tarde o temprano siempre que nos esforcemos por superar y aprender de nuestra pérdida al permitirnos la máxima expresión de nuestras emociones sea de lo más normal el que en algún momento llegue una forma nueva de ver las cosas, sé que en todo momento debo luchar para lograr ser para lo que fuí creado, y sé que no representa el que siempre cuente las horas para superar a mi yo anterior por uno mejor, sé que el amor del prójimo en ocasiones no será posible recibirlo porque simplemente sé que en ocasiones tendrás la necesidad de pedir, aceptar o buscar ayuda de alguien más profesional como de un Psicólogo, y si algo he aprendido es que las personas, todas en absoluto, y más que nada las que se cruzan en tu camino de vida para que les ayudes o para recibir ayuda, todas ellas de alguna manera pueden ayudarte a encontrar tu camino si es que lo has perdido, de igual manera que en su momento tantas personas me ayudaron a encontrar el mío, así que encuéntrate, comparte tu historia porque es muy importante, se feliz, vive, respira, gradualmente encontrarás la forma de creer en tí de nuevo, ya que las tormentas en la vida tienen que venir, pero aun en esas tormentas en su último momento se vuelven en calma y tranquilidad, y en los momentos más solitarios, date cuenta de que nunca estamos solos, y que el amor es lo más poderoso en la tierra, he visto lo que puede hacer, puede hacer cosas sorprendentes, sobre ese amor algunas veces sueño un mundo en donde todos conocemos un amor que es sanador y con el poder de fomentar el crecimiento personal, y qué mundo tan hermoso es, creo que verdaderamente hay suficiente amor para todos, lo único que tienes que hacer es compartirlo, porque el amor viene del amor que Dios nos tiene. pareja de una manera más saludable, y no obstante también remarco el hecho innegable de que nuestra cultura hace a cada oportunidad una apología del amor, la cual se fundamenta en algo así como que solo es amor el que me dan, cuando es incondicional, en otras palabras sin condición alguna, y se supone que dicho amor tiene que ser provisto desde lo más profundo de nuestro corazón, cuando lo que se sabe del corazón no es que posea sentimiento alguno sino solamente la capacidad de bombear sangre al cuerpo, y en definitiva si fuera cierto que el amor es solo basado en los sentimientos, simplemente y desde ese ángulo tan falto de razonamiento sería imposible entonces que existieran divorcios, o hijos sin padres, y eso sí que existiera entonces un enorme problema a nivel mundial de infinidad de situaciones aberrantes, suicidios y asesinatos cometidos en nombre del amor, por lo mismo es que estarían repletas las cárceles de todo el mundo debido a este agravante, en definitiva todo amor que se base en dicha sentimentalidad absolutista y sin razón alguna, será de misma forma que sea como un cuerpo sin cabeza y por tanto sin rumbo alguno más que el de la negatividad en todo su esplendor, porque para poder fomentarnos una vida en equilibrio hay que empezar por ser pensantes en el amor propio, para poder ser buenos amantes y ser amados también, porque el equilibrio de un buen amor se encuentra a medio camino entre razón y emoción, porque si fuéramos como las plantas que no razonan y de amor nada saben, entonces estaríamos igual de estáticos que ellas, pero sí tenemos capacidad de razonamiento y sí tenemos no solo la capacidad de amar o de amarnos sino de también como razonablemente escoger a quien amar, quien nos ame y si es que nos convenga la forma, la cantidad y sobre todo la calidad de afecto que se nos brinde, entonces tendremos más garantías de una mejor vida al lado de dicha persona, y con esto no solo sabremos que nos conviene estar a su lado, sino también estaremos prestos a que en cualquier momento se dé por terminada dicha relación, y no por ser pesimistas, sino más bien por no pretender que dicha relación se asemeje a lo que dictan las reglas socio-religiosas, las cuales dictaminan que toda relación de pareja debe ser hasta que la muerte los separe, pero, para conservar y procurar una salud mental y física dentro de la pareja y más que nada personal, es de mucha importancia el que se empiece dicha relación sabiendo que nada es para siempre y que nada vale la vida de alguien más, por lo que dicha relación debe estar fundamentada en un saberse como pareja, pero hasta que a ambos les deje de convenir, por salud mental y física, con el fin de no estar anclados a esa persona como si fuera un salvavidas, ya que con dicho conocimiento sabremos como las personas que saben nadar, simple y sencillamente el no depender de nadie, porque al igual que un buen nadador sabe flotar y sabe nadar por sí mismo, quien sabe amar y ser amado, entonces sabrá hasta donde permitirse y permitirle a esa otra persona el que este a su lado, por obvias conveniencias de afectos, de corporalidad y de entrega total, y de esta manera se pueda dar conscientemente y de manera saludable dicha relación y si se diera el caso también dicha perdida de la relación de pareja que llegue a su fin, y aquí es cuando me pregunto, ¿realmente somos nosotros quienes sufrimos nuestras pérdidas? En ocasiones nos pasa que sufrimos por algo, y ese algo parece no tener fin, ni solución alguna, lo bueno es que tarde o temprano nos damos cuenta de que ese algo no es tan importante como en algún momento lo sentimos, pero sin embargo no dejamos de sufrir lo ocurrido; ¿se imaginan como reaccionaria un niño ante un encierro total?, pues es exacto lo que nos provoca ese sufrimiento sin control, es nuestro niño interno que nos avisa cuando ha llegado a sus límites, es ese momento en que él nos pide a gritos que lo atendamos, ese niño vive en todos, ese niño es nuestro niño interno, es aquel pequeñín que de niños éramos, y que en determinado momento creímos dejar de serlo, por las presiones sociales, por seguir etiquetas, y lo más triste por repetir patrones conductuales de alguien más, pero la cuestión es dejar que de vez en cuando, que ese niño actué en nuestras vidas, desde un ángulo de nuestra adultez, desde ese ángulo en que el padre y la madre de dicho niño le habrían enseñado en su momento lo que está bien y lo que no, de misma manera nosotros también podemos aprovechar a nuestro favor cada situación que pase en nuestra vida con el fin de auto-enseñarnos, y con eso hacernos más fuertes, y con eso superar cualquier cosa, porque quien ama a su niño interno, aprende lo que es un amor de verdad, porque de amor estamos hechos, amor somos y amar es nuestra mayor capacidad y mejor don, y ese día en que atendí a mi niño interior, nació mi inteligencia emocional, con esto estuve presto a saber que con una cucharada de amor propio, una pisca de fe en nosotros mismos, algo de tranquilidad, algo de esperanza, algo de aventura, revolvemos y untamos en un pan de auto-dependencia y así es como se hace una vida feliz, porque es verdad que todos y todas tenemos el gran poder de ser felices en nuestras vidas pero hasta que nos damos cuenta de que la vida se vive un día a la vez, hasta entonces comprenderemos que al igual que la vida, también sus interrogantes y dificultades se deben responder y solucionar un día a la vez, porque todo por cuanto luchemos

119

podremos superar, pero para que esto sea posible, es necesario aceptar el que todas las personas en absoluto nos motivan a ser buenas personas o malas personas, por eso es que mi verdadera personalidad solo la conocerás después de que recíprocamente intercambiemos un sinfín de vivencias, y solo si existe la convicción de continuidad, solo entonces veras mi yo verdadero, por eso es que mientras se da ese acercamiento interno de todo lo que soy y de todo lo que eres sea de lo más normal que la relación cualesquiera que se tenga se base en lo superficial y que por el momento solo veas lo que tu motives en mí, aunado a esto puedo decir entonces que nadie debe en absoluto esperar a desenamorarse sin superar primero los miedos que se esconden detrás de la falta de afectos a los que se está acostumbrado recibir de la pareja a quien se pretende dejar, entonces, resolver la inminente falta de dichos afectos es sin duda el tener que confrontar realidades que te lleven a visualizarte en el futuro sin esa persona, y uno se tendrá que dar cuenta de que dicho lugar sin esa persona será un panorama desolador al que todavía no se está acostumbrado debido de las tantas experiencias a su lado y más que nada de lo que quedo inconcluso, porque en él no estará la persona que por principio de cuentas eras motivada/o a ser, debido a la esencia de su presencia, y es razonable entonces que en ese futuro no se encontrara posibilidad alguna de cerrar los ciclos de metas que quedaron inconclusas, (al menos no al lado de la misma persona), por esto es que sé de ante mano que el camino de la felicidad en que cada quien se tenga que adentrar, tendrá muchos baches, muchas partes escabrosas y hasta dolorosas, pero también sé que todo obstáculo podrá ser vencido no importando su tamaño ni su dificultad, se también que en ocasiones muy repetidas llegara el deseo con todo el amor propio de volver a ver a quien tanto ame y sé que me amo, pero irremediablemente sé que el intentar volver a relacionarme con quien por principio de cuentas no lucha a la par conmigo por la misma meta, en ese caso es más que obvio el que no valga la pena transpirar una sola gota de sudor por intentar lo que desde antes de empezar ya está perdido, y para los que sufren de adicción emocional, es bueno hacer notar que dicho estado del cuerpo y la mente, tienen la capacidad de alterar el estado de ánimo y físico, este tipo de personas con el tiempo generan intolerancia al buen trato con el fin de seguir perpetrando el estilo negativo de vida al que están acostumbrados/as, la adicción afectiva gradualmente sí no es atendida por un Psicólogo, esta gradualmente acarreara a la adquisición de adicciones como la adicción a la comida, al alcohol, drogas y aunque parezca extraño este tipo de adictos emocionales se vuelven adictos a situaciones como conductas que le lleven a estar enojado/a, a vivir una vida con sufrimiento, con culpa, faltos de alegría o alegría irreal o enfermiza, tristeza constante, y estas personas realmente no sufren por la realidad que les rodea sino por su necesidad de preservar dicho estilo de vida mediante la creación de percepciones incorrectas, los deseos, los pensamientos, la voluntad y sus intenciones están enfermos y todo esto genera un estilo de vida negativo auto-destructivo, este tipo de personas realmente están enfermos del alma, la mayoría de estas personas presentan estos rasgos conductuales debido a situaciones hereditarias o porque en su trayecto de vida han sido personas que desde su infancia no aprendieron a destacar en cosas positivas como el estudio o el trato social con sus iguales, lo que gradualmente les empuja a socializar de la única forma en que sí son buenos, que es de manera negativa con personas que tienden al mismo estilo de vida, debido a que dicho estilo negativista auto-destructivo refuerza la existencia del círculo social que lo conforma, otra de las causas para estos males se dicta desde una posible carencia afectiva que le da a entender a las personas que desde niños tuvieron carencias afectivas, e inconscientemente entienden que la manera correcta de vivir la vida, es exacto que como las personas que les educaron, les enseñaron que la forma correcta de vivir la vida es mediante la socialización con personas que les traten mal, en ejemplo a seguir de quienes más amamos en nuestras vidas, (nuestros padres). Este estilo de vida conduce a generar muchas conductas auto-destructivas, y por tanto es de lo más normal que este tipo de personas se generen constantemente amistades y demás asociaciones sociales como el matrimonio con alguien que no les ame, a que dichas personas les motiven a felízmente el aceptar un mal vivir como algo de lo más normal, y citando al Dr. Hermes Eloy, él dice en su conferencia sobre adicciones que "somos entidades espirituales viviendo una experiencia física y como tal es que la cura a todos nuestros males reside en aprender a despertar nuestra consciencia mediante actos de humildad y la fe", porque con la humildad generamos la capacidad de aceptar nuestros defectos, nuestras culpas, nuestros límites, nuestras capacidades, y todo don creador de estabilidad, y solo con actos de fe tenemos la capacidad de propiciarnos un actuar en pro de nuestro equilibrio mental y físico.

Otra de las tantas causas de porque sea tan difícil superar una ruptura amorosa es porque tendemos en ocasiones a casarnos con las imágenes del pasado de dicha persona la cual ya no está a nuestro lado, pensando en que si volviéramos, todo sería igual, y en el caso de que si se diera un reencuentro, la realidad sería que al volver con dicha persona, todo sería nuevo, y lo más lógico es que la convivencia en una relación la cual no se han sabido limar asperezas, todo en absoluto sería mucho peor, y es por eso que nunca vuelve la persona de quien nos enamoramos porque dicha relación en su momento era una constante, pero con la separación dicha constante, ahora en el presente es mas de esperarse que se haiga convertido en otra vertiente, totalmente diferente de la que conocíamos, ¿y si en vez de seguir idealizando tanto a dicha persona, nos enfocamos en las cosas reales?, creo entonces que solo así podremos ver que dicha relación no es tan buena y que ni le necesitamos tanto, dicho en otras palabras, al ver la realidad podremos ver la persona real y así veremos que en muchas cosas nuestro sentir solo es un ideal creado por nuestras altas expectativas las cuales en ocasiones solo están formadas por un déficit de afecto social, o por una educación incorrecta y de hasta una sobre-estimulación paterno-maternal, por eso es que llego a la conclusión de que la persona a la que amé y me amó, ya no volverá aun cuando vuelva, pues la huella que dejo en los dos todo eso que nos ocasiono la separación, sé que eso aun cuando ya fue perdonado sé que es un impedimento que en dado caso de un reencuentro causaría inestabilidad porque nos tendría siempre a la defensiva Y él es como es el sol, constante, sin cambios, y si despertaras un día y te dieras cuenta de que nada ni nadie puede arrebatarte tu felicidad.

Siempre en mi corazón, mis amistades, mis padres, mis 3 hermanas, las personas que me han hecho algún daño, las personas que me han hecho algún bien, y sobre todo mis pacientes que con su ardua lucha por ser mejores, siempre terminan enseñándome algo nuevo, porque todas esas personas han sido luz en mi vida.

Fuentes de apoyo.

Hablemos de, ¿amor de pareja?, (German Mendoza Carrillo).

Técnicas de terapia familiar, (Salvador Minuchin).

El principito, (Antoine de Saint Exupery).

De la calle a Harvard, (Liz Murray).

El camino de las lágrimas, El camino de la auto dependencia, (Jorge Bucay).

El caballero de la armadura oxidada, (Robert Fisher).

La princesa que creía en los cuentos de hadas, (Marcia Grad).

Teoría sobre Erik Homberger Erikson de, Belén González, Belén Zavala, Catalina Opazo y Fabián Jiménez.

Amar o depender, Los límites del amor, Desojando margaritas, Ama y no sufras, (Walter Riso).

Conferencias sobre alcoholismo de Salvador Valadez.

El arte de la guerra, Sun Tzu.

Psicología del mexicano, Rogelio Díaz guerrero.

Teoría trifásica de Robert Stemberg.

J. Krishnamurti, amor, sexo y castidad.

German Mendoza Carrillo.

Del Alma Editores

2017

www.ingramcontent.com/pod-product-compliance
Lightning Source LLC
Chambersburg PA
CBHW070457090426
42735CB00012B/2585